Kn.
25/10/19
H.

Wenn Lukas Bärfuss über die großen Begriffe nachdenkt:
Freiheit, Lüge, Raum, Zeit, »Wo bin ich hier?«, dann geschieht
das nie im im luftleeren Raum der Abstraktion. Immer erzählt
er Geschichten. Er ist neugierig auf die Welt, auf das Kleine und
auf das Große. Vor allem wendet er den Blick auf die Menschen,
auf die Beziehungen zwischen ihnen: in der Liebe, der Arbeit,
der Politik, in der Kunst. »Warum schweigen die Schriftsteller?«,
fragt Bärfuss fordernd. Er will sich einmischen, und er sieht sich
dazu sogar in der Pflicht. Seine biographischen Erfahrungen am
unteren Ende der Gesellschaft mögen den Blick geschärft haben
für Ungerechtigkeiten und für wohlfeile Ratschläge. Er weiß:
Die Antworten sind nicht umsonst zu haben, sie müssen in den
Widersprüchen gesucht werden und bleiben zwiespältig.

LUKAS BÄRFUSS, geb. 1971 in Thun/Schweiz. Dramatiker und
Romancier, Essayist. Seine Stücke werden weltweit gespielt,
seine Romane sind in fast zwanzig Sprachen übersetzt. Lukas
Bärfuss lebt in Zürich. Preise u. a.: Mülheimer Dramatikerpreis
(2005), Anna-Seghers-Preis (2008),Mara-Cassens-Preis (2008),
Schillerpreis der Schweizerischen Schillerstiftung (2009), Erich-
Maria-Remarque-Friedenspreis (2009), Hans-Fallada-Preis der
Stadt Neumünster (2010), Kulturpreis Berner Oberland (2011),
Berliner Literaturpreis (2013), Solothurner Literaturpreis
(2014), Thuner Kulturpreis (2014), Schweizer Buchpreis (2014),
Nicolas-Born-Preis (2015).
www.lukasbaerfuss.ch

Lukas Bärfuss

Stil und Moral

Essays

btb

Verlagsgruppe Random House FSC® N001967

1. Auflage
Genehmigte Lizenzausgabe Juli 2018 btb Verlag
in der Verlagsgruppe Random House GmbH,
Neumarkter Straße 28, 81673 München
Copyright © 2015 by Wallstein Verlag, Göttingen
www.wallstein-verlag.de
Covergestaltung: semper smile, München nach einem Entwurf
von Susanne Gerhards, SG Konzept & Design, Düsseldorf
unter Verwendung eines Gemäldes von Tizian:
Verkündigung an Maria (Ausschnitt)
Covermotiv: Tizian:Verkündigung an Maria,
Scuola Grande di San Rocco, Venedig /
Cameraphoto Arte Venezia / Bridgeman Images
Druck und Einband: GGP Media GmbH, Pößneck
MK · Herstellung: sc
Printed in Germany
ISBN 978-3-442-71476-6

www.btb-verlag.de
www.facebook.com/btbverlag

I

Kolonien

Neulich erinnerte ich mich an eine Begegnung in Maroua, einer Wüstenstadt im Norden Kameruns, an der Grenze zum Tschad. In der Mittagszeit, im Zedernhain am Rande der Hauptstraße, wohin sich die halbe Stadt vor der Hitze geflüchtet hatte, traf ich einen jungen Mann, einen Grundschullehrer, den ich zuerst für einen fliegenden Händler hielt und abzuwimmeln versuchte. Er aber wollte mir nichts verkaufen, sondern wissen, woher ich komme. Und ich erklärte in wenigen Worten die Schweiz, die Staatsform, das Klima, die Jahreszeiten, die vier Landessprachen, die Geschichte, den Reichtum – obwohl ich meine Ausführungen knapp hielt, schien der Mann ungeduldig zu werden, und als ich mit meinem Abriss schließlich zu Ende war, stellte er mir die Frage, um die sich seiner Ansicht nach alles drehte: Et vous, alors, vous avez été colonisé par qui?

Natürlich lachte ich über seine Einfältigkeit, wandte mich ab und beeilte mich, die knappe Zeit zu nutzen und die Hossère zu besteigen, den Hügel am Rande der Stadt. Und wie ich hinanstieg, beäugt von Kindern, die nicht verstanden, weshalb man freiwillig auf Berge klettert, da ging mir auf, wie berechtigt die Frage des Lehrers gewesen war. Wer hatte mir beigebracht, von Bergen sei mehr zu erfahren als von Menschen? Vielleicht waren mein Misstrauen und die Bevorzugung der Natur die Übernahme eines kolonialen Denkens?

Der Urtourist Johann Wolfgang von Goethe beschreibt in den Briefen seiner Schweizreise aus dem Jahre 1779 akribisch die geologischen und botanischen Gegebenheiten der Alpen. Über viele Seiten hinweg gibt er die Wege wieder, die Felsenschlünde, die Bewaldung, das Wetter, ein höchst detaillierter Bericht jener Gegend – und dann, am 9.11.1779, in Leukerbad, ganz unvermittelt dies: »Ich bemerke, dass ich in meinem Schreiben der Menschen wenig erwähne, sie sind auch unter diesen großen Gegenständen der Natur, besonders im Vorbeigehen, minder merkwürdig.« Einen Tag später, in Leuk, betritt er dann doch ein Haus. Aber: »Wie man auch nur hereintritt, so ekelts einem, denn es ist überall unsauber; Mangel und ängstlicher Erwerb dieser privilegierten und freien Bewohner kommt überall zum Vorschein.«

Knapp vierzig Jahre später folgt ihm die junge Mary Shelley. Die Idee zu Frankenstein soll ihr bekanntlich in Genf zugefallen sein, und man müsste einmal untersuchen, wie stark die autochthone Bevölkerung als Vorbild für ihr Monster diente. Aber das ist eine andere Geschichte. Wie Goethe ergeht sich Mary Shelley in den Naturbeschreibungen, und wie bei Goethe fehlen die Menschen. »Die Schweizer erschienen uns damals, und die Erfahrung hat uns in dieser Meinung bestärkt, als ein Volk von langsamer Auffassungsgabe und Schwerfälligkeit.« Mehr erwähnt sie nicht. Wenn einmal Menschen auftauchen, dann nur als Bedrohung. Über die Passagiere einer Diligence, ein Postboot, schreibt sie: »Für Gott wärs einfacher, den Menschen neu zu erschaffen, als diese Monster sauber zu bekommen.«

Es waren nicht nur die Literaten und Touristen, die

dieses spezifische Bild der Schweizer zeichneten. Das helvetische Direktorium, von Napoleon (unbestreitbar auch unser Kolonisator) nach der Abschaffung der alten Eidgenossenschaft eingesetzt, schreibt an den französischen Oberkommandierenden, man solle von Vergeltungen an den aufständischen Innerschweizern absehen, denn: »Es sind Wilde, die aufzuklären und der gesellschaftlichen Vervollkommnung näher zu bringen wir uns zur Aufgabe gemacht haben.«

Vielleicht liegt darin ein Grund für die schweizerische Verschwindungssucht, die ihren Niederschlag unter anderem bei Robert Walser findet. Zu Carl Seelig meinte er einmal, vor der Natur seien wir alle Stümper. Das Bankgeheimnis, überhaupt die sprichwörtliche Diskretion der Schweizer, ist vielleicht nichts anderes als die Einsicht, vor dem Hintergrund der Naturschönheiten unweigerlich als Wilde dazustehen. Und vor dieser Tatsache ist es besser, so wenig wie möglich aufzufallen. In der Landschaft zu verschwinden. Vielleicht ist Scham der Grund, der Europäischen Union nicht beizutreten, eine Folge der fortdauernden touristischen Kränkung. Auch nach Goethe und Shelley hat kein Tourist je unser Land besucht, um die Kultur kennenzulernen. Niemand interessiert sich für Schweizer Geschichte (am wenigsten wir selber), Schweizer Küche oder Schweizer Musik. Nein, dieses Land besucht man auch heute ausschließlich der Natur wegen. Sie ist unsere wahre Kultur. Den Menschen aber, dessen Kultur die Natur ist, nennt man einen Wilden. Dessen schämen wir uns, wie sich jeder Knecht für das Bild schämt, das der Herr von ihm zeichnet. Und wie jeder Knecht fürchten wir, das Bild könnte die Wahrheit über uns enthalten.

Der Feuerofen

Die einzige höhere Ausbildung, die ich in meinem Leben genossen habe, waren die Monate am staatlichen Lehrerseminar Ende der achtziger Jahre des vergangenen Jahrhunderts. Ich war als Hospitant aufgenommen worden, und bereits diese *Zulassung unter Vorbehalt* grenzte an ein Wunder. Seit vielen Jahren war ich der erste Primarschüler, dem dies gelungen war, und wie ich das geschafft habe, kann ich nicht mit Sicherheit sagen. Ein wohlwollendes Attest meines alten Lehrers war vermutlich dafür verantwortlich, denn die ordentliche Prüfung werde ich unmöglich bestanden haben. An jenem Tag saß ich in der Aula der Gewerbeschule vor den Prüfungsblättern ohne die leiseste Ahnung, wie ich auch nur eine der Mathematik- oder Französischaufgaben hätte lösen können. Meine Bildung reichte dazu einfach nicht aus.

Ich hatte lediglich neun Jahre Primarschule aufzuweisen, mit Ausnahme eines Abstechers in die Sekundar, aus der ich in der fünften Klasse nach einem Semester relegiert wurde. Ich will niemandem zu nahe treten, aber das Niveau in der Primar war so tief, dass unsere Klasse nie über die Konjugation von *avoir* und *être* hinausgekommen ist. Englisch hatte ich nie gehabt, Physik und Chemie nur in Ansätzen, und auch der höheren Mathematik, der Algebra oder gar Differentialrechnung, war ich nie begegnet.

Natürlich bin ich von der Notwendigkeit der Bildung überzeugt. Es wäre töricht, die Erfolge der allgemeinen Schulpflicht zu bezweifeln. Der Unterricht ist für das gelungene Leben notwendig. Aber als Schriftsteller kann ich mich nicht damit begnügen. Wenn ich aufrichtig sein will, muss ich auch von den Schmerzen berichten.

Ich hatte gute Lehrer. Lehrer, die ihren Beruf ernst nahmen und sich um ihre Schüler kümmerten. Und vielleicht ist gerade ihre persönliche Aufopferung ein Zeichen für das Scheitern. Vielleicht dürfte eine Schule nicht darauf angewiesen sein, dass ein Lehrer sich aufreibt und verbraucht. Weshalb sie gescheitert sind, kann ich nicht sagen, aber alles in allem ist es ihnen nicht gelungen, mich auf die Institutionen vorzubereiten, auf eine Karriere in dieser Gesellschaft, ein Fortkommen in geordneten Bahnen. Vielleicht ist dieser Anspruch vermessen, vielleicht besteht das Erwachsenwerden immer aus einem Pendeln zwischen Widerstand und Anpassung, und vielleicht gibt es keinen pragmatischen Weg, um aus einem Kind ein tüchtiges Mitglied der Gesellschaft zu machen. Aber trotzdem mag ich nicht glauben, dass die Kämpfe, die ich zu führen hatte, notwendig oder gar geplant waren.

Ich hätte mir die Schwierigkeiten gerne erspart, obwohl ich nur von wenigen Momenten meiner Jugend sagen kann, dass es unglückliche waren. Aber dasselbe gilt für die glücklichen. Die meiste Zeit war ich damit beschäftigt, den Fallen auszuweichen, die überall lauerten. Und es ist wahr, dass ein gefahrvolles Leben in der Rückschau eins ist, das zu erzählen sich lohnt – aber welchen Preis bezahlt man dafür? Niemand kann sich ein Leben nur aus Übungen und Proben wünschen, irgendwann verlangt man nach Ernstfällen, nach Momenten der Bewährung, der Herausforderung, und ich würde gerne glauben, dass die Schule den Raum darstellt, in dem unsere Jugend sich vorbereiten kann auf die Zumutungen des Lebens. Doch ich habe es anders erlebt. Das Leben und die Zumutungen waren von Anfang an da, Verrat war da, Lüge, Eigensucht, Faulheit, auch Freundschaft und Zuversicht, manchmal. Es gab keine Generalintendanz, die das jeweilige Maß bestimmt hätte, die, wenn die Anfeindungen zu groß wurden, eine Deckung baute und alles im Gleichgewicht zu halten versuchte. Es war Ernstfall, die ganze Zeit. Jede Schule will eine Vorbereitung sein, aber was nützt das einem Kind, dem diese Vorbereitung das Leben ist, weil es in der Ewigkeit des Augenblicks lebt?

Ich wollte Erfahrungen sammeln, um beinahe jeden Preis, ich fragte nicht nach dem Ergebnis, Resultate waren mir nicht einfach gleichgültig, sie waren nutzlos, weil sie in einer Zukunft eingelöst werden sollten, von der ich nichts ahnte, kein Bild, kein Nutzen – nichts, auf das zu warten oder hinzuarbeiten sich gelohnt hätte. Diese Gesellschaft hatte mir nichts anzubieten, nichts, wofür ich den Moment geopfert hätte. Ich wollte den Platz nicht, den man mir anbot, und zog es vor, meinen eigenen zu suchen, mit dem ich jedoch, als ich ihn gefunden zu haben glaubte, alles andere als zufrieden war.

Meinen Lehrern bin ich dankbar für die Gedichte, die sie mir zeigten, dankbar, dass sie ihre Niederlagen nicht allzu gut zu verstecken versuchten. Ich denke mit Zärtlichkeit an ihre Kindereien, an ihre Spleens, die sie ins Schulzimmer trugen. Ich danke ihnen für den Spott, den sie auf sich zogen, wenn sie auf ihrer Menschlichkeit bestanden. Der Lehrer in der siebten Klasse las uns *Bobik im Feuerofen* vor, eine Geschichte aus der russischen Revolution, geschrieben von einem Mann namens Wladimir Lindenberg. Bobiks aristokratische Familie bestimmt abends am Kamin das zu lesende Bibelkapitel, indem jemand eine Nadel an einer beliebigen Stelle zwischen die Seiten der Heiligen Schrift steckt. Und einmal, als die Bolschewisten schon vor der Tür stehen und das alte Leben untergeht, da zeigte die Nadel auf die Geschichte von den drei Männern im Feuerofen des Nebukadnezar. Ich weiß nicht mehr, wie die Männer hießen, und ich will jetzt auch nicht aufstehen, um es nachzuschlagen. Ich möchte erzählen, wie unser Lehrer eine Bibel nahm und wie in Bobiks Geschichte eine Nadel zwischen ihre Seiten steckte. Sie landete an derselben Stelle, bei den drei Männern im Feuerofen des Nebukadnezar. Dieser Zufall erschütterte unseren Lehrer, und er schickte die ganze Klasse nach Hause. Da habe ich etwas gelernt, das sich schwer in Worte fassen lässt. Die wichtigsten Erkenntnisse liegen außerhalb der Systeme, sie folgen keinen Lehrplänen, und ihr praktischer Nutzen für das Leben ist ungewiss.

Meine Lehrer machten, was sie konnten, versuchten es mit Härte und mit Nachsicht, aber es half nichts. Die Probleme, die wir zu Hause hatten, konnten sie nicht lösen. Alle wussten, dass wir die schlechteste Schule der Stadt besuchten. Wir wussten, dass dort draußen, jenseits der Neunten, niemand auf uns wartete. Die meisten meiner Klasse lebten in Sozialwohnungen, was ihnen eine tägliche Schande war. Viele besaßen die *blaue Karte* der Stadt, mit der man zum halben Preis auf die

Schulreise oder in die Ferienkurse durfte, was ebenfalls eine Schande war. Wir waren halbe Preise, unsere Eltern waren Säufer oder minderbemittelt, manchmal beides zusammen. Wir waren jung, wir hatten Pickel, und wir schämten uns für alles, was wir waren und was aus uns werden sollte. Was wir erreichen konnten, war eine lausige Arbeit zu einem lausigen Lohn, in einer miefigen Kleinstadt. Wozu hätten wir uns anstrengen sollen? Es würde kein Entkommen geben. Wir sahen, wie unsere Eltern lebten. Warum hätten wir nicht jede Minute unserer Kindheit genießen sollen? Noch standen für unseren Unsinn die Erwachsenen gerade, aber es würde nicht mehr lange dauern, und sie würden auch uns kleinkriegen mit ihren Betreibungsämtern, Sektionschefs und Sozialarbeitern.

Ich fand keine Lehrstelle, aber ich hatte auch keine gesucht. Ich schrieb sehr wenige Bewerbungen. Genau genommen gar keine. Ein Handwerk kam nicht in Frage, ich hatte zwei linke Hände. Auf einen kaufmännischen Beruf hatte ich keine Lust – die Vorstellung, nach der Schule weiter an einem Pult zu sitzen und gesagt zu bekommen, was ich zu tun hatte, löste nur mäßige Begeisterung aus. Mein einziger Versuch, an einen Lehrvertrag zu kommen, bestand in einem kurzen Gespräch mit Herrn Mahr, dem besten Buchhändler der Stadt, ein Deutscher. Er hatte schlechte Augen; wenn er das Verzeichnis lieferbarer Bücher konsultierte, berührte seine Nasenspitze beinahe die Seiten. Dazu zitterten seine Hände, es hieß, er habe im Zweiten Weltkrieg als Kind tagelang unter den Trümmern seines zerbombten Wohnhauses gelegen.

Seine Arbeit schien mir nicht übertrieben anstrengend,

und zudem wäre ich umgeben von Büchern, eine verheißungsvolle Vorstellung.

Herr Mahr nickte ernst, als ich gestand, in seinem Laden arbeiten zu wollen, und er meinte, gleich nach der Schule mit einer Lehre zu beginnen sei unangebracht. Ein Buchhändler brauche ein gewisses Alter. Ich solle mich um eine Zwischenlösung bemühen. Dann würde sich irgendwo eine Tür öffnen, auch für einen Primarschüler.

So fügte ich mich in mein Schicksal und verschwand für ein Jahr auf einer Tabakplantage im Jorat, einem abgelegenen Gebiet im Waadtland. Der Bauer, der mich für ein paar lumpige Franken von morgens bis abends herumhetzte, war ein Choleriker und Trinker, der seine Kühe mit dem Milchschemel verprügelte, was nicht ungewöhnlich war für eine Gegend, in der man fremde Katzen, die auf dem Hof herumstreunten, kurzerhand mit dem Flobertgewehr erschoss und auf den Miststock warf. Ich erfuhr den Trübsinn der Provinz und den Trost des Weißweins, daneben lernte ich in diesem Jahr nichts. Die Wochenenden verbrachte ich in meiner Heimatstadt, wo ich, da meine Mutter in eine andere Gegend gezogen war und sich niemand um mich kümmerte, den Reiz der Freiheit entdeckte und tat, wonach es mich gelüstete. Irgendwann während dieses Jahres kam ich auf die Idee, mich für die Aufnahmeprüfung im Lehrerseminar anzumelden, warum, bleibt schleierhaft.

Und wundersamerweise wurde ich aufgenommen, aber das Jahr als Knecht und die Momente der uneingeschränkten Freiheit, die ich an den Wochenenden und in der Zeit nach meiner Rückkehr aus dem Welschland gekostet hatte, hatten mich verdorben. Ich bin sicher, dass sich die Lehrer alle Mühe gaben, mich zu einem ordentlichen Mittelschüler zu formen, ein ehrenvolles und gänzlich hoffnungsloses Bemühen. Ich war ein unausstehliches Miststück, ohne elterliche Kontrolle, verwildert, aufsässig und allergisch gegen jede Autorität. Ich trieb mich herum, wechselte meinen Wohnsitz alle paar Wochen, bis ich mich auch bei den neuen Vermietern unmöglich gemacht hatte und schließlich auf der Straße landete. Geld hatte ich keines, ich ernährte mich von dem, was man früher als Mundraub bezeichnete. Ich malte mir spaßige T-Shirts mit den letzten Worten berühmter Amokläufer, in denen ich den Unterricht besuchte. Ich hatte um eine Chance gebeten, und jetzt war ich dabei, sie zu verspielen. Ich wollte nicht dazugehören. Ich redete mir ein, eine Schule, wo ich lernen musste, dass die Altsteinzeit zeitlich vor der Jungsteinzeit kam, könne nichts taugen.

Das Lehrerseminar war keine Eliteschule, aber es herrschte ein liberaler, aufgeklärter Geist, und die Lehrer ertrugen mich länger, als ich erwartet hatte. Sie wollten mich einfach nicht rausschmeißen. Deshalb ging ich eines Tages einfach nicht mehr hin. Niemand vermisste mich, niemand fragte nach mir, sie wussten auch nicht, wo sie mich hätten suchen sollen.

Die Jahre danach, bis ich zwanzig war, lebte ich von Gelegenheitsarbeiten und wohnte bei jedem, der mich ein paar Wochen ertrug. Der Wirtschaft ging es gut, man brauchte Hilfsarbeiter. Ich konnte freitags in einem Temporärbüro meine Dienste anbieten und am Montag auf irgendeiner Baustelle anfangen. Ich hasste das stundenlange Herumstehen in einem feuchten Rohbau, aber es war weniger schlimm, als in einer Gewerbehalle am Stadtrand Fertigchalets für den japanischen Markt bauen zu müssen. In diesen Betrieben gab es Stempeluhren, Betriebsleiter und Zeitglocken – für mich gleichbedeutend mit den vier Reitern der Apokalypse. Da zog ich den Gerüstbau vor, obwohl man dort im Akkord arbeitete, den ganzen Tag Eisenelemente stemmen musste, bis man abends nicht mehr wusste, ob man überhaupt noch Arme hatte. Was aber immer noch besser war, als die Gerüste wieder abzubauen und auf einem wackeligen Brett sechs Meter über dem Boden Elemente auffangen zu müssen, die einem der angetrunkene Vorarbeiter von irgendwo hoch oben zuwarf. Am liebsten arbeitete ich als Magaziner. Ich war alleine, und man ließ mich in Ruhe. Rüstlisten, Beutelsuppen und Heizungsventile waren mir lieber als Menschen.

Wenn ich ein paar hundert Franken verdient hatte, machte ich mich aus dem Staub. Genoss meine Freiheit. Trieb mich mit Freunden in der Gegend herum, aber jene, die wochentags tun und lassen konnten, was sie wollten, wurden immer weniger, und die wenigen wurden von Woche zu Woche blasser und ausgezehrter. Die meisten verschwanden über kurz oder lang in den staatlichen Institutionen, entweder im Jugendknast auf dem Tessenberg oder in der Irrenanstalt Münsingen, je nachdem, ob sie für kriminell oder nur für verrückt gehalten wurden.

Ich weiß nicht, was mich rettete. Vermutlich waren es zwei Dinge. Ich las. Mit siebzehn das *Lob der Torheit* von Erasmus von Rotterdam. Mit achtzehn machte ich mich an Hegels *Phänomenologie des Geistes* und Eschenbachs *Parzival*. Bücher, von denen keiner, den ich kannte, je gehört hatte. Aber ich lernte, dass diese Texte weltberühmt und überall bekannt waren, außer in meiner

Heimatstadt. Sie gehörten zu einem Boden, auf den auch meine Gesellschaft gebaut war, ohne dass sie etwas davon zu wissen schien. Meine Lektüre machte mich in meiner Welt zu etwas Besonderem. Sie verlieh mir eine Identität, eine Bildung, die mich von den anderen unterschied und mir einen Wert gab, einerlei, für welchen Taugenichts und Tagedieb man mich halten mochte.

So habe ich Bildung seither verstanden, als eine Möglichkeit, ein Mensch zu werden, der sich unterscheidet, der anders ist und der diese Differenz nicht als Makel, sondern als Auszeichnung versteht. Deshalb missfallen mir die Entwicklungen, die Bildung standardisieren und Leistung vergleichbar machen wollen. Aber viel wichtiger war für mich damals, dass ich durch die Bücher aus meiner Welt hinausfand, einen Zugang zu einem Kosmos entdeckte, in dem die Gegenwart nebensächlich war, eine Maschine, die mich durch die Zeit und über die Grenzen meines Daseins hinweg führte.

Das andere, was mich rettete, waren ein paar Menschen. Die Heimatstadt hatte ich irgendwann endgültig verlassen müssen, es gab da zu viel verbrannte Erde. Nach der Ewigkeit von zwölf Tagen wurde ich aus der Rekrutenschule entlassen, und als müsste er das Versprechen seines Kollegen Mahr einlösen, gab mir ein Buchhändler Arbeit. Eine Stelle in der Comicabteilung seiner Buchhandlung. Das waren nicht die Bücher, die ich las, aber es waren immerhin Bücher, und ich hatte zum ersten Mal eine Arbeit, die ich mochte. Ich war morgens pünktlich, las mich in der Freizeit durch das Sortiment und kannte bald für jede Lebenslage den richtigen Comic. In jener Zeit, ich war gerade zwanzig und also erwachsen geworden, begann ich zu schreiben.

Ich mag den Reformator
Huldrych Zwingli nicht. Warum

Zuallererst mag ich seinen Namen nicht. Zwingli klingt ähnlich wie *Zwängli*, nach einem, der seinen Kopf gegen alle Vernunft und Widerstände durchsetzen muss, was für diesen Mann ja tatsächlich zutrifft. Er war ein großer *Zwängli* und erzwang sich seine Auffassung der Welt und des Himmelreichs bis zur eigenen Vierteilung und Verbrennung.

Nun soll man einen Menschen, auch nicht einen Toten, nie wegen seines Namens verurteilen. Daran trägt er so wenig Schuld wie an seinem Äußeren, das ich bei Zwingli, nebenbei, ebenfalls nicht mag. Das bekannte Porträt, im Holzschnitt überliefert und in den Schulbüchern abgedruckt, zeigt ein feistes Gesicht, mit dem Ansatz eines Doppelkinns, als habe er zu viel Milch und Butter genossen, und die schweren Lider kenne ich von den Augen der Choleriker.

Das sind keine besonders stichhaltigen Gründe, weshalb ich Zwingli nicht mag. Ich weiß, wenn ich ehrlich bin, nicht viel über ihn. In Wildhaus geboren, in Einsiedeln Pfarrer, in Zürich Reformator, als Asche mit Unrat vermischt und in alle vier Winde zerstreut auf dem Schlachtfeld in Kappel am Albis, Fockmann hieß sein Mörder, ein Söldnerhauptmann.

Die Abneigung muss an meiner Herkunft liegen, leider, und dafür kann nun ich wieder nichts. Man nennt jene Gegend, aus der ich stamme, auch den schweizerischen Bibelgürtel. Jeder Hof sei eine eigene Kirche, sagen die Leute, so viele verschiedene christliche Bekenntnisse gibt es. Ich wuchs mit allen möglichen Bibeln auf. Am Neuen Testament der *Gideons* gefiel mir der Eindruck über die Entstehung dieser Gemeinschaft christlicher Kaufleute, dass sich nämlich in einer windigen Nacht in einem Hotel in Amerika drei Reisende getroffen und nach dem gemeinsamen Gebet beschlossen hätten, mit ihren Waren auch das Wort Gottes unter die Menschen zu bringen.

Ich wäre gerne einer von ihnen gewesen, in Amerika, in einem Hotel, in einer Nacht, im Kerzenschein. Überhaupt die Amerikaner: Joseph Smith, den Begründer der *Kirche der Heiligen der Letzten Tage*, der Mormonen, bewunderte ich. Sein *Buch Mormon*, das ihm ein Engel in einer einsamen Nacht offenbart haben soll, war eine frühe Lektüre und erscheint mir noch heute als eine singuläre literarische Leistung.

Am liebsten aber war mir die senfgelbe Kinderbibel der dritten großen amerikanischen Sekte, der *Zeugen Jehovas*. Ich verliebte mich in die Erzengel, die in weißen Gewändern auf weißen Hengsten über weiße Wolken durch einen glutroten Abendhimmel ritten. Die alttestamentarischen Helden glichen Mannequins, über deren goldenen Haaren Sturmgewitter dräuten, und die Posaunen des Herrn waren aus reinem Gold. Ich verehrte dieses Buch, und selbst die Zentrale dieser Sekte beeindruckte mich, ein weites Gebäude in unserem Viertel, gleich neben der Telefonverteilanlage, hinter Zäunen versteckt, irgendwie unheimlich, weil es sehr modern war und trotzdem nie jemand zu sehen war. Frau Stählin, eine Zeugin Jehovas, mit stahlgrauem

Haar, hatte mir diese Bibel geschenkt. Meiner Mutter brachte sie den *Wachtturm* und das *Erwachet!*, die Sturmschriften dieser Gemeinschaft, und ich weiß nicht, ob meine Mutter sie jemals las, aber ich erinnere mich deutlich, wie sie über den *Sämann*, das Pfarrblatt der reformierten Gemeinde, schimpfte, er sei langweilig und schlecht geschrieben.

Natürlich hätte sich Mutter nicht im Traum einer Sekte angeschlossen, und auch ich dachte niemals daran, irgendeiner der Kirchen beizutreten, die in meiner Umgebung nach Seelen fischten. Obwohl die Versuchung groß war. Wir waren dabei, als der Nachbarsohn seine wunderschöne Braut im Mormonen-Tempel heiratete, und mussten anerkennen, dass diese Leute eine Menge von Ritualen und sakraler Architektur verstanden. Das kupferne Taufbecken mit den Dimensionen eines Swimmingpools und den vier Wasser speienden Stieren alleine war eindrucksvoller als unsere ganze Stadtkirche.

Die *Methodisten* beeindruckten mich weniger, es waren brave Menschen, die stille Gottesdienste feierten. Ihr dramatisches Gegenstück waren die Evangelikalen von der *Zeltmission*, manche von ihnen mit radikalen Ansichten, Extremisten, die nach Jerusalem pilgerten, um sich persönlich davon zu überzeugen, dass die Heilige Stadt nicht in die Hände der Ungläubigen gefallen war. Selbst diese Fanatiker flößten mir nicht die geringste Angst ein. Manche fand ich albern, die Mädchen vom Brüderverein etwa, doch bloß, weil sie sich mit ihren knöchellangen Röcken und den Haarzöpfen nicht um ihr Aussehen zu scheren schienen, für das ich mich beim weiblichen Geschlecht mehr und mehr zu interessieren begann.

Die religiöse Bedrohung in meiner Kindheit ging nicht von den Sekten, sondern von der bernischen Staatskirche aus, und die war zwinglianisch. Die blaue *Zürcher Bibel* verabscheute ich von ganzem Herzen. Die protestantischen Kirchen mied ich, wo ich konnte, die moderne Johanneskirche aus Beton nicht weniger als die vielhundertjährige Scherzligkirche, und jenen staatlichen Kirchenunterricht, den man in der siebten Klasse *Kinderlehre*, später dann *Präparandenunterricht* und *Unterweisung* nennt, habe ich statt dreier Jahre bloß einige Wochen besucht. Ich verpasste auch die Konfirmation, aber man sollte sich und seine Absichten nicht zu sehr stilisieren, und ich will nicht behaupten, in mir habe sich die Tradition der Häresie erhalten, für die unsere Gegend bekannt war. Die Oberländer waren die letzten, die das neue Bekenntnis annahmen, nicht freiwillig, mit ein paar hundert Hellebarden mussten sie überzeugt werden, dass der Eintritt ins Himmelreich keiner katholischen Vermittlung bedarf. In den abgelegenen Tälern war die rechte Gesinnung schwer zu kontrollieren. Die Täufer blieben ihrem Glauben durch die Jahrhunderte treu, trotz protestantischer Verfolgung. Als wir in der Schule das Tagebuch der Anne Frank lasen, da hatte ich früher ähnliche Verstecke in den Emmentaler Bauernhäusern gesehen. In Verschlägen unter dem Heustock hatten sich die Täufer vor den Berner Häschern und ihrem zwinglianischen Furor verkrochen.

Ich selbst verweigerte den Unterricht aber weniger aus Überzeugung, sondern vor allem aus Eitelkeit. Ich fand, der Widerstand mache mich verführerisch. Jedenfalls gefiel er meiner Mutter. Der Pfarrer unserer Kirchgemeinde erschien bei uns, um über mein Fernbleiben zu reden. Aber meine Mutter warf den armen Mann kurzerhand aus der Wohnung – allerdings nicht bevor sie die Verhältnisse auf den Kopf gestellt und dem Pfarrer ihrerseits eine Predigt gehalten hatte, deren grundsätzlicher Inhalt die Lästerlichkeit war, als Gottesmann im städtischen Parlament zu sitzen. Auch das große Pfarrhaus schien ihr des Teufels. »Mein Reich ist nicht von dieser Welt«, lehre das Johannes-Evangelium, und wer in Gottes Namen rede, habe in Armut zu stehen.

Dies war, genau genommen, eine Kritik an den wesentlichen Prinzipien des Zwinglianismus. Sie leuchtet mir noch heute ein. Keiner der Reformatoren verstand die Forderung nach religiöser Umwälzung auch sozial. Die weltlichen Verhältnisse mochten so ungerecht bleiben, wie sie waren. Mit den aufständischen Bauern ging Luther so rücksichtslos um wie mit den Juden, und Zwingli ließ die widerspenstigen Täufer kurzerhand in der Limmat ertränken. Was religiöse Toleranz bedeutet, sollte man nicht unbedingt einen Protestanten fragen.

Trotzdem besteht natürlich kein Zweifel: Die Reformation war geschichtlich unvermeidlich, das sagt uns die Vernunft. Und es wäre blödsinnig, sich die Französische Revolution und den Sieg der bürgerlichen Freiheiten ins Europa des sechzehnten Jahrhunderts zu wünschen, geschweige denn nach Zürich. Es hilft nicht, sich die Dinge zu erträumen, aber deswegen brauche ich Zwingli noch lange nicht zu mögen. Ein Mensch glaubt schließlich zuerst seiner Mutter und dann erst der geschichtlichen Entwicklung. Und ich will nicht daran denken, dass die Erinnerung an eine offene Rechnung oder eine längst erlittene Schmach durch die Zeit an mich weitergegeben wurde, das wäre nur schlecht erfunden. Überhaupt macht einen die fromme Fragerei überempfindlich und man leidet an zwinglianisch eingebildeten Leiden bekanntlich nicht weniger als an wirklichen.

Das Zürich, in dem ich heute lebe, ist nicht mehr Zwinglis Zürich. Das Treiben in meinem Viertel ist bunt und wild, ganz und gar nicht protestantisch. Hier gibt es mehr Bekenntnisse, als ich mir in meiner Kindheit vorstellen konnte, und die wenigsten davon sind christlichen Glaubens. Hier leben Juden, Moslems, Hindus, Christen, Buddhisten, wahrscheinlich sogar Heiden und Tribalisten, und es gibt sie in den Schattierungen von ultraorthodox bis extremliberal. Mein Viertel nähert sich damit einem Idealzustand, in dem jeder seine eigene Religion hätte und sein eigenes Buch besäße, und in jedem Buch stünde mindestens ein Gebet für den armen Huldrych Zwingli und sein übles Geschick auf irgendeinem Acker im Zürcher Umland.

Masken

Neulich im Rietberg, dem ethnologischen Museum der Stadt Zürich, geriet ich bei der Betrachtung der großen Königsmaske der Bamileke aus dem Grasland Kameruns in einen Schwindel, der mich zurückführte an die Ufer des Kivusees, nach Ruanda, in einen Ort namens Kibuye. Dort saß ich einst an einem Freitag im frühen Juli auf der Veranda des Hotels *Béthanie* und ruhte mich von einer morgendlichen Exkursion aus, die bis zur katholischen Kirche oberhalb der Siedlung geführt hatte. Die Landschaft glich dem Bild eines englischen Genre-Malers, eine Idylle, deren Friede nur gestört wurde von einem *Urwibutso*, einem Gedenkort, der an den 17. April 1994 erinnerte, an jenen Sonntag, als an derselben Stelle bis zum Einbruch der Nacht 11 400 Menschen mit Macheten und Handgranaten totgemacht, danach zum größten Teil hinunter in den See geworfen wurden wie Tausende vor ihnen, die im Wasser trieben wie Totholz, von der Strömung zu Flößen versammelt und in die Buchten geschwemmt, wo Möwen und Bussarde sich an den Leichen gütlich taten.

In den letzten Wochen hatte ich Gelegenheit gehabt, die Grenzen dieses Landes und jene meiner Vorstellungskraft zu erkunden. Die Schönheit und der Horror hatten sich in jedem Moment umarmt und hatten meinen Geist ermüdet. Deshalb hatte ich einen Ort gesucht, um mich auszuruhen, und war auf dieses Hotel verfallen, eine Anlage aus wenigen Bungalows, auf einer Landzunge einige Kilometer außerhalb der Siedlung gelegen. In der Mitte des Nachmittags kam ich an. Man gab mir ein Zimmer, das sauber, ordentlich und ruhig war und in dem ich es keine zehn Minuten aushielt. Die Stille und die Geckos, die mich von den Wänden schwarz beäugten, ließen mich aus meinem Bett stürzen und zurück in den Ort fliehen, wo ich Menschen erwartete und auf ein Treiben hoffte, das meine Geister ablenken und zerstreuen würde.

In einem Gasthaus fand ich eine Mahlzeit, wie sie überall aufgetischt wurde, gebratenes Huhn, dazu Kartoffeln und Bier. Das Essen und der Alkohol beruhigten mich, und als ich die Rechnung beglichen hatte und mich auf den Weg ins *Béthanie* machen wollte, war die Nacht hereingebrochen, eine mondlose Finsternis, in die ich mich tastend hineinbewegte. Die Lichter der Siedlung noch im Rücken, fand ich die Straße, die hinaus auf die Halbinsel führte, aber nach der ersten Kurve war der letzte Schein gewichen und ich war von einem Schwarz umgeben, das ohne Frage blieb, eine feuchte Finsternis, die mich anzufassen schien, in der ich mit jedem Schritt tiefer versank. Nur die Füße gaben mir eine Ahnung von der Richtung: Solange ich Kies und Erde spürte, konnte ich davon ausgehen, nicht in den Wald zu irren und mich zwischen den Büschen zu verlieren. Rechts und links herrschte ein unheimliches Getöse, riesenhafte Frösche schrien, und es war kein Quaken, wie ich es von zu Hause kannte. Die Rufe dieser Lurche glichen dem Klingen von Glasglocken, hell und klar wie Cymbale, und ich wäre nicht erstaunt gewesen, mich mit dem nächsten Schritt in einem Sumpf zwischen diesen lärmenden Amphibien und ihren Instrumenten zu finden.

Irgendwann, nach einem endlosen Stolpern, erreichte ich glücklich die Anhöhe mit dem Hotel und rettete mich ins Zimmer. Dort verbrachte ich eine traumlose Nacht, die mich nicht erfrischte, sondern tiefer zermürbte. Am nächsten Vormittag, als ich auf der Terrasse meinen Tee trank, befiel mich eine Lähmung. Während Stunden gelang es mir nicht, den kleinsten Entschluss zu fassen. Ob ich noch eine Tasse Tee trinken sollte, zurück ins Zimmer gehen und mich wieder hinlegen, oder was ich mit dem Tag überhaupt anfangen wollte – ich hatte nicht die leiseste Ahnung. So saß ich da und rührte mich nicht. Gäste waren weiterhin keine auszumachen, bloß einige Bedienstete huschten in weinroten Uniformen dann und wann über den Klinker und erkundigten sich nach meinen Wünschen. Ich hatte keine. Es schien mir alles gleichgültig, die Natur, die Menschen, das Leiden, die Freude. Der Ort, die Schönheit dieser Bucht, bedrängte mich. Ich schloss die Augen, um einen Moment Ruhe zu haben von den pittoresken Ansichten, und als ich sie einen Moment später wieder öffnete, saß ein Mann mir gegenüber.

Seine Erscheinung wies ihn als Fremden aus, eine Tatsache, die sich im folgenden Gespräch bestätigte. Groß und kräftig war er, mit einem breiten, dunklen Gesicht. Europäisch gekleidet, in einem weißen Poloshirt, das ihm eine zweifelhafte Aura verlieh. Bald stellte sich heraus, dass er ein Händler war, ein Händler mancher Waren, auch, und das werde mich interessieren, von Kunstgegenständen, von Masken, um genau zu sein, denn er trug in seiner Tasche zwei solche mit sich, eingepackt in Speckpapier, die er mir nun zum Verkauf anbot.

Ich hatte nicht die Absicht, irgendetwas aus diesem Land

mitzunehmen, und ganz gewiss keine Masken, die geschütztes Kulturgut sein mochten, zur Ausfuhr verboten. Der Fremde konnte keine Papiere vorlegen, die ihn als rechtmäßigen Besitzer auswiesen. Im besten Fall handelte es sich um Tand ohne jeden Wert, im schlechtesten waren die Masken kostbare Hehlerware. Ich wollte nicht erleben, wie ein Beamter mich nach ihrer Herkunft verhörte. Ich musste vorsichtig sein. Meine Anwesenheit in diesem Land war nicht unbemerkt geblieben, meine Fragen waren nicht bei jenen geblieben, denen ich sie gestellt hatte. Man wusste, wer ich war, unklar war ihnen höchstens, was ich hier wollte. Und hätte man mich danach befragt, ich weiß nicht, was ich geantwortet hätte.

Seit ich die Hauptstadt verlassen hatte, vermisste ich zudem den Schutz eines Mannes, der sich eine Zeitlang meiner angenommen und mich in gewisse Kreise eingeführt hatte. Ein Ermittler für den Internationalen Gerichtshof in Arusha, ein Belgier, der im Lande Beweise sicherte und Zeugen vernahm. Sogar mit seiner Hilfe blieb es schwierig, ohne ihn ganz unmöglich, eine zuverlässige Einschätzung meiner Lage vorzunehmen. Zu viel war ungewiss, zu vieles ereignete sich scheinbar zufällig. Das Einzige, was ich tun konnte, war, jeden meiner Schritte sorgfältig zu bedenken. Zwei Masken unbekannter Herkunft im Gepäck waren gefährlicher Leichtsinn.

Ich weiß nicht, was es war, das mich die Masken schließlich trotzdem kaufen ließ. Nicht die Worte des Händlers, die von der Herkunft dieser Masken berichteten, auch nicht sein Hinweis auf den Kalk, mit dem man die Masken behandelt hatte und der für ihre Echtheit bürge. Es war wohl das helle, äquatoriale Sonnenlicht, das mittags senkrecht auf die Erde fiel und den kleinsten Schatten fraß, dazu meine Ermattung und der dringende Wunsch, alleine zu sein, dieses Gespräch zu beenden. Die paar Dollar, die der Händler für seine Stücke wollte, schienen mir ein angemessener Preis für meine Ruhe zu sein.

So kam ich in den Besitz zweier Masken aus dem *Legaland*, dessen Gebiet zwischen dem zweiten und vierten Grad südlicher Länge und dem 26. und 28. Breitengrad östlich von Greenwich angegeben wird, mit einer Ausdehnung von einigen zehntausend Quadratkilometern, im mittleren Kongobecken gelegen. Es soll dort ein immerfeuchtes Regenwaldklima herrschen, mit ganzjährigen Temperaturen über 25 Grad Celsius. Die Tage gleichen sich, mit morgendlichem Bodennebel und schweren, erodierenden Regenfällen zur Mittagszeit. Das Land ist so dicht bewachsen, dass man sich während Wochen in diesen Wäldern bewegen kann, ohne je die Sonne zu erblicken. Die Arten sind ohne Zahl: Johannisbrotbäume, Korksträucher und Hundsgiftgewächse, zwischen deren Kronen die Lianen sich spannen, Epiphyten überall, Moose, Farne, Flechten. Die kleinsten und die größten Tiere bevölkern dieses endlose Dickicht, aus allen Stämmen des Tierreichs finden sich Vertreter, Mollusken, Käfer, Reptilien, Vögel und Säugetiere, Baumschliefer sind zu finden, Schildkröten, Riesenschlangen und Waldelefanten. Und jedes dieser Tiere, so heißt es, wurde von den *Lega* gejagt, geangelt, mit Netzen gefangen, von Bäumen geschüttelt und mit Knüppeln zu Tode geschlagen.

Nur das Schuppentier ließ man leben, man aß es nicht, denn es war das Totem des Messers, mit dem die Knaben beschnitten wurden. Nur die *Musimbi* durften dieses Messer führen, denn jeder Knabe musste beschnitten werden, damit er in *Bwami* eingeführt werden konnte. Die Autoren können sich nicht einigen, ob es sich dabei um eine Religion, eine Art der Politik oder einfach um eine besondere Lebensweise handelt. In den Worten der *Lega* sei *Bwami* ›die Gabe, die vom Himmel gefallen ist‹, kein Mensch habe es erfunden, jeder finde Aufnahme und niemand könne es kontrollieren, ein Geschenk, das allen gehöre und nur ein Ziel kenne: die Vervollkommnung des Menschen.

Ein Geschenk, ja, und doch muss man eingeführt werden, durch komplizierte, tagelange Riten von einer Stufe zur nächsten gelangen, von *Kongabulumbu* zu *Kansilembo*, *Bombwa*, *Ngandu*, über *Bulonda* und *Yananio* schließlich zu *Kindi*, der letzten Sprosse, zu deren Erklimmung eigens ein ganzes Dorf errichtet werden muss, das die *Lega* zu Beginn der Initiation tanzend und im Rhythmus geflochtener Rasseln betreten. Dazu werden bestimmte Redensarten rezitiert, die *Bitondo bya kisi*, die Worte des Landes. »Dort, wo die Elefanten verrotten, liegen Rippen und Rippen, Fetzen und Fetzen.« – »Ein Mann alleine baut keine Latrine, ein zweiter sollte ihm helfen.« – »Die schwangere Ehebrecherin hat sich umgebracht, weil sie den Samen vermengte, sie hat sich selbst aus dem Leben entfernt.« So, hört man, sollen sie reden, und jede Stufe des *Bwami* habe ihren eigenen Ritus, und jeder Ritus seine Sammlung von Sprüchen, und jeder Spruch seine eigene Bedeutung.

In den Gepflogenheiten jener Menschen wollen Forscher ein System entdeckt haben, das die einzelnen Stufen bis zur Erleuchtung in Zwischenschritte unterteilt. *Ngandu* etwa, die vierte Etappe, teile sich in *Kamondo*,

Bituzi, *Kabobela*, *Bilumya* und *Yang*, und alle diese Riten bedürften eigener kultischer Gegenstände. *Kabobela* bestehe aus einem Tanz mit getrockneten Bananenblättern, kleine Stühle würden benötigt, dazu geflochtene Matten. *Bilumya* hingegen sei aufwendiger und erfordere das Kniegelenk eines Elefanten, dazu zwei Figurinen, von denen eine Herrn Phallus und die andere Frau Hinterteil repräsentiere. Und andere verlangten eben Masken, wie ich sie erstanden hatte.

Die Ethnologen haben versucht, in die Vielfalt ihrer Beobachtungen eine Ordnung zu bringen, die einzelnen Riten in ihren besonderen Ausformungen darzustellen, doch trotz der Akkuratesse ihrer Tabellen, trotz der reichen Glossare am Ende der Monografien und den Beteuerungen in den Vorworten, unter diesen Menschen gelebt, ihre Bräuche studiert und an ihnen teilgenommen zu haben, schleicht sich bei der Lektüre ein Zweifel ein und die Frage taucht auf, ob die *Lega* und ihr *Bwami* überhaupt existieren.

Es wird natürlich Menschen geben, die sich als *Lega* bezeichnen, und es wird andere geben, die diese *Lega* beobachtet und beschrieben haben. Aber ob das, was die Europäer aufgezeichnet haben, auch in der Wirklichkeit des Kongobeckens zu finden ist, bleibt unsicher. Der Zweifel beginnt mit der Frage, was das Wort *Lega* überhaupt bezeichne. Einer der frühen Autoren jener Gegend, ein belgischer Gouverneur, der unter dem Namen Le Commandant Delhaise im Jahre 1906 zu Brüssel eine Monografie über seine Untertanen publizierte, behauptet, das Wort habe keine andere Funktion als jene des Pronomens »man«, das unbestimmte Geschlecht in der dritten Person. Diese Definition bleibt das Sicherste, was über die *Lega* und ihren Alltag berichtet werden kann. Man tut dieses, man unterlässt das andere, die Bedeutung bleibt offen, alles bleibt hinter einer Maske verborgen, die je nach Situation etwas anderes repräsentiert.

David Livingstone etwa berichtet im Eintrag seines Journals zum 20. Oktober 1870 über ein unvermutetes Zusammentreffen mit einigen von ihnen. Auf seine Versicherung, sie seien bloß gekommen, um Elfenbein zu kaufen und würden verschwinden, wenn hier nichts davon zu holen sei, entgegneten die *Lega*: »Nein, ihr seid gekommen, um zu sterben.« Im nächsten Augenblick habe sich ein Regen aus Pfeilen über die Europäer ergossen, und Livingstone und seine Leute konnten nur mit Mühe und Glück ihre Haut retten.

Auch der Erforscher des Tanganijkasees, Verney Lovett Cameron, ein Mann, der sechstausend Kilometer zu Fuß durch Afrika gereist war, berichtet 1874 von der Feindseligkeit dieser Leute. Die *Lega* seien Menschenfresser und hätten einen Trupp von dreihundert Männern angegriffen und nur hundert von ihnen am Leben gelassen. Le Commandant Delhaise und ein Ethnologe namens Biebuyck hingegen, die länger unter ihnen geweilt haben, betonen im Abstand von sechzig Jahren ihre Friedfertigkeit. Die *Lega* seien weise, erfinderisch, gleichmütig und fürsorgend.

So widersprechen sich die Autoren, nicht nur untereinander, sondern auch in sich selbst. Mehr als das Dargestellte wird der Darstellende deutlich, seine Absicht, in ein unbekanntes Phänomen ein System zu bringen, damit er es beurteilen, messen, vergleichen und letzten Endes beherrschen könne.

Man kann sich fragen, was man betrachtet, wenn man die Masken aus dem Lötschental, dem Grasland oder eben aus dem Kongobecken bewundert, und stellt sich vielleicht vor, wie das eigene Leben beschrieben würde, wenn ein Fremder, der nichts davon verstünde, es für einige Monate beobachtete und untersuchte. Alltägliches und Profanes wie der morgendliche Kaffee würden für diesen Fremden durch die häufige Wiederholung bedeutsam. Der Forscher könnte eine Klassifizierung der verschiedenen Tassen vornehmen, erörtern, in welchen Fällen kleine, dickwandige und wann die großen ohne Henkel zur Verwendung kommen. Er könnte die Gelegenheiten, bei denen man Kaffee trinkt, genauso minutiös beschreiben wie irgendeine andere kulturelle Praktik, und der Fremde würde nichts Falsches berichten, wenn er die verschiedenen Löffel, die Formen des Zuckers oder die Bemalung der Tasse systematisieren und sich der Interpretation der verschiedenen Aufschriften zuwenden würde, jenen auf den Gefäßen selbst oder jenen auf den quadratischen Papieren, die man zwischen Tasse und Untertasse legt. Das alles ergäbe zumindest ein Kapitel in einem Buch und später vielleicht eine Monografie.

Die Frage bliebe nur, ob wir, die Kaffeetrinker, uns in der Art und Weise, wie unser Kaffeegenuss beschrieben würde, erkennen könnten. Ob der Kaffee für unsere Kultur so bezeichnend ist, wie es für die Lesenden jenes Berichts unbedingt der Fall sein müsste, da sie ja nichts anderes über uns wissen könnten als das, was ihnen beschrieben wurde. Und darüber hinaus müsste auch die ausführliche Klassifizierung unserer Kaffeekultur eine Verallgemeinerung bleiben. Der Einzelfall hätte keinen Platz, denn es wäre unmöglich und würde jeden Rahmen sprengen, jeden einzelnen Artefakt, jede Tasse und jedes einzelne Kaffeetrinken zu beschreiben. In den Strukturen verliert sich das Spezifische.

Jede Maske ist eine Verallgemeinerung und eine Reduktion im Dienste einer dialektischen Methode. Es wird ein Affekt gezeigt, eine Regung, eine Position der Augen, des Mundes, eingefroren in einem bestimmten Moment, ohne die Bewegungen, Veränderungen in den Gesichtern, in denen wir das Gegenüber lesen. Jede Maske öffnet eine Dialektik zwischen zwei verschiedenen Gesichtern: jenem, das sie zeigt, und dem anderen, das sie verdeckt. Welches der Gesichter das wahre ist, darauf legt sich die Maske nicht fest, im Gegenteil, sie behauptet, nichts Endgültiges darüber sagen zu können, keine Aussage machen zu können, ohne gleichzeitig ihr Gegenteil zu beschwören. Das ist die Methode der Maske. Sie entzieht sich dem Zugriff der Ordnung, der grammatikalischen, der staatlichen, der religiösen, der theatralen, die sie in ihr System zu integrieren versucht in einem Spiel, in einer Tragödie, im Karneval, in der Orgie. Die Maske bewahrt ihr anarchisches Potenzial, indem sie alles in Frage stellt und mit dieser Frage jedes System angreift.

Jede Maske verweist auf ein Gesicht, auf ein einziges, das sie gleichzeitig ersehnt und verdeckt. Dieses abwesende Gesicht also betrachten wir auch, und so sehen wir im Falle der Masken aus dem Lötschental das Antlitz eines Kunstmalers, der sich in den dreißiger Jahren des letzten Jahrhunderts in den Walliser Bergen verlor und dort auf die geschnitzten Larven stieß, die von den Einheimischen während der Fastnacht getragen wurden. Er begann, diese Fratzen, die bisher achtlos in den Scheunen auf den nächsten Einsatz warteten, zu sammeln und nach seiner Vorliebe zu bemalen. Einige fanden den Weg in die Wissenschaft, gelangten an universitäre Institute für Volkskultur weitab vom Leben in den Bergen. In deren Sammlungen wurden die Masken aufgenommen, man bezahlte die Schnitzer dafür, manchmal mit einem Monatslohn.

Dieser Maler hatte ein Verständnis dafür, welche Formen der Wissenschaft genehm waren. Man verlangte nach dem Archaischen, dem vermeintlich unverfälschten Ausdruck des Volkscharakters, und so hieß er die Bauernsöhne, die in den kalten Wintertagen in der Stube mit selten mehr als einem verbogenen Stechbeitel ihre Holzscheiter bearbeiteten, ihre Schnitzereien grob zu belassen und nicht zu verfeinern. Die Dämonen, die man in den Städten in diesen Masken erkennen wollte, durften keine zarten Züge tragen. Die wissenschaftlichen Arbeiten, die später publiziert wurden, waren wenig mehr als die Erschließung eines bisher nicht sonderlich ernst genommenen Zeitvertreibs einiger Bergbauern, aber nun dienten sie dazu, den von der Moderne ihrer Identität beraubten Städtern eine Referenz zu schaffen, eine Vorstellung zu bilden von einer Gegend, die noch Zugang hatte zu den alten Mythen, den Geistern und Dämonen, die man in diesen Masken manifestiert sah.

Es war dieser Ausdruck des omnipotenten Wirkens künstlerischer Schöpfungskraft, die ein gewisser Eduard von der Heydt in ihnen sah, der Spross einer alten Bankiersdynastie aus einer Vorstadt Wuppertals, in der Rheinprovinz gelegen, dem Herrscher in Potsdam ergeben und verpflichtet. Die Familie hatte die Finanzierung des preußisch-österreichischen Krieges organisiert und war als Anerkennung ihrer Dienste in den erblichen Freiherrenstand erhoben worden. Unter dem alten Kaiser hatten die von der Heydts nichts zu befürchten, und so verbrachte Eduard seine Jugend zwischen Berlin, Paris und New York stets in den besten Kreisen. Bis er sich im Alter von zweiunddreißig Jahren im Krieg wiederfand, als Angehöriger eines Ulanenregiments, mit dem er die Schlacht an der Marne erlebte. Bald wurde er aus dem aktiven Dienst entlassen, um seine Kenntnisse der englischen Sprache dem Geheimdienst zur Verfügung zu stellen, als Kommentator der britischen Presseartikel. Die Luzidität seiner Berichte wurde von den höheren Stellen bemerkt, man konsultierte ihn, er hatte Einfluss. So verbrachte er seinen Krieg leidlich unbeschadet, aber der Kampf sollte nicht mehr aus dem Leben dieses Mannes verschwinden. Er gehörte zu einer Generation, der das Überleben zum täglichen Handwerk wurde. Und Eduard von der Heydt war ein Meister darin. Die Königreiche zerfielen, Republiken wurden errichtet und zertreten, Gauner marschierten durch die Straßen und gebärdeten sich wie Staatsmänner, Völker wurden verbrannt, er aber machte seine Geschäfte mit jedem, der ihn dazu einlud. Er wechselte die Länder öfter als die Hemden, errichtete sich eine Heimstatt in Amsterdam und in Zandvoort, wo er an der Strandpromenade ein Haus erbauen ließ, dem er selbst den Namen *Muluru* gab, das die Einheimischen aber *Het Negerparadijs* nannten. Dort zeigte er seine Kunstsammlung und natürlich auch seine

Masken. Sonst lebte er in fest gemieteten Hotelzimmern, die er mit seiner Kunst möblierte. Es scheint, als habe diesen Mann nichts interessiert als Repräsentation. Verdammt zu einer beständigen Verwandlung, einer Anpassung an die Mächtigen, die sich in jener Zeit abwechselten wie die drehenden Figuren in den Glockenspielen mancher Kirchen.

Muluru wurde abgetragen und planiert, an seiner Stelle errichteten die Nazis eine Strandbefestigung. Das Überleben erlaubte keine beständige Form, wer bei seinen Prinzipien blieb, wurde von einem anderen Prinzip vernichtet. Mimikry war die einzige Methode, die den Tag überdauerte, das Verschwinden in der Form eines Anderen.

Zu jeder Maske gehört ein Gesicht, aber dieses Gesicht ist abwesend. Wenn die Maske getragen wird, verdeckt sie das Gesicht, das ihr erst das Leben gibt. Unbenutzt liegt sie da und verlangt stumm danach, getragen zu werden, dass man ihr das Leben verleihen möge, das sie entbehrt. Eine Maske braucht ein anderes Gesicht, aber sie muss dieses Gesicht verdecken.

So betrachten wir in den Museen, im Dämmerlicht ihrer Tiefgeschosse, nicht zuletzt die Sehnsucht nach einem Gesicht und die Verzweiflung, keines zu besitzen. Liebe bedeutet auch die Anerkennung der Persönlichkeit, aber gerade die Liebe ist jeder Maske fremd. Es gibt einen Ausdruck für den Zorn, für die Angst, für den Spott und für die Wollust, aber es gibt keine Maske für die Liebe. Eine Maske findet kein Gegenüber, sie kann nur gedeutet werden, aber selbst nicht deuten. Die Maske bleibt sich selbst ein Rätsel. Jede Maske enthält einen Schrecken. Er ist durch die Distanz begründet, durch das, was sich zwischen das Gesicht und die Welt stellt. Sie beweist eine Teilung, und vielleicht ist jener Abdruck, den man den Toten vom Gesicht nimmt, der endgültige Ausdruck dieser Trennung. Die Totenmaske ist die einzige, die nicht mehr getragen werden will, jede andere ruft dazu auf, ihr einen Moment lang das Leben zu schenken, das sie entbehrt. Aber wer sie aufsetzt, verschwindet.

Vielleicht braucht die Moderne keine Maske. Sie bleibt das Produkt der Aufklärung, die sich der Entlarvung, der Enttäuschung verschrieben hat. Vielleicht sind nicht die Masken verschwunden, vielleicht fehlen vielmehr die Gesichter, ohne die wir die Masken als solche nicht erkennen können. Vielleicht ist alles zur Maske geworden, jedenfalls scheint die Biegsamkeit, die unsere Zeit vom Einzelnen erfordert, dafür zu sprechen. So etwas wie ein konsistenter Gesichtsausdruck ist heute beinahe lebensschädigend, jedenfalls erschwert er die schnelle Anpassung an das wechselnde Milieu. Die Moral, die jede Maske auch enthält, weil sie den Betrug, die Täuschung und die Verführung beweist, vor allem aber die menschliche Bereitschaft, sich betrügen, täuschen und verführen zu lassen, wirkt in unseren Tagen démodé.

Die Masken der *Lega* haben mir nicht das geringste Problem bereitet. Ich blieb auf dieser Reise unbehelligt, jedenfalls was die Belästigung durch Autoritäten betrifft. Erst zu Hause, als ich die Masken auspackte und an die Wand hängen wollte, standen die Kinder erschrocken und verängstigt und bedeuteten mir, sie wieder in das Speckpapier zu packen und zu vergessen. Kinder fürchten unverstellt den Schrecken der Masken, denn sie sind noch nicht vollständig getrennt von der Welt.

Offenbarung

Woher meine Liebe zum Theater kommt, weiß ich nicht, und um ehrlich zu sein, weiß ich nicht einmal, ob es überhaupt Liebe ist. Mein Verhältnis gleicht einer Gewohnheit, einer Lebensroutine, einer gewissen Art und Weise, etwas über das Leben zu erfahren. Es sind selten grundsätzlich neue Erkenntnisse, die ich bei der Arbeit am Theater gewinne. Ich lerne, was ich einmal wusste, aber irgendwann wieder vergessen habe: Dass es im Theater und im Leben keine Abkürzungen gibt. Dass Theater zwar mit erfundenen Elementen arbeitet, aber selbst keine Fiktion ist. Dass vollkommene Stille im Theater ein Geschenk ist und niemals planbar. Oder die immer wieder erschreckende Tatsache, dass im Theater alles zum Zeichen wird und niemand diese Zeichen beherrschen kann. Und auch die schwierigste Lektion, wenigstens für einen Schriftsteller: Man kann im Theater nicht blättern. Nicht nach vorne, nicht nach hinten. Das Verpasste kommt nicht wieder. Durch die Ödnis des Augenblicks führt nur die Zeit.

Das alles würde kaum genügen, um mich bei dieser Kunst zu halten, gäbe es nicht dieses Geheimnis, das, so fällt mir jetzt auf, etwas zu tun haben muss mit dem erwähnten Wiedererlernen des einst Bekannten. Jorge Luis Borges hat in seinem Essay über Schih Huang Ti und die chinesische Mauer geschrieben:

Die Musik, die Zustände des Glücks, die Mytho-
logie, die von der Zeit gewirkten Gesichter, gewisse Dämmerungen und gewisse Orte wollen uns
etwas sagen oder haben uns etwas gesagt, was wir
nicht hätten verlieren dürfen, oder schicken sich
an, uns etwas zu sagen; dieses Bevorstehen einer
Offenbarung, zu der es nicht kommt, ist vielleicht
der ästhetische Vorgang.

Gewisse Dämmerungen, gewisse Orte. Ich stamme aus
einer Kleinstadt am Fuß der Alpen, eine Garnison, wo
die Rüstungsindustrie und die Soldaten den Ton angaben
und Kultur kaum eine Rolle spielte. Zwei-, dreimal im
Jahr verirrte sich ein deutsches Tourneetheater in unseren Ort und zeigte *Minna von Barnhelm* oder *Das Käthchen von Heilbronn.* Jede Schulklasse der Umgebung
wurde in die Vorstellung gezerrt, was manch einem den
letzten Rest Theaterliebe ausgetrieben haben mag.

Ich hatte Glück. Die Schule, die ich besuchte, war lausig
und wir Schüler waren renitent. Unsereins schickte man
nicht ins Theater. Uns schickte man in die Bergdörfer, wo
wir den Bauern die Steine von den Weiden zu tragen hatten. Statt unsere Sitten durch Kunstgenuss zu verfeinern,
steckte man uns in die Schule der körperlichen Ertüch-
tigung. Ich erlebte ein anderes Theater, jenes, das vom
Kunsttheater immer bekämpft wurde, jedenfalls in meinem Land, das Bauern- oder Volkstheater, von Laien gespielt, in der schweizerischen Mundart, auf den Bühnen
der Gasthofsäle mehr getanzt und geschrien als gesprochen oder deklamiert, im Stumpenrauch, zwischen dem
Geklirr der Gläser und der Teller, nach den Gesängen der

Jodlerchöre und vor der Tombola, bei der es Schinken im Brotteig und Brezeleisen zu gewinnen gab. Die Stücke waren plumpe Verwechslungskomödien, grob gezimmerte Schwänke, die ihren hauptsächlichen Reiz aus der Tatsache bezogen, dass sich vernünftige Menschen auf der Bühne zum Hanswurst machten. Mein Großvater, ein Sattlermeister, verwandelte sich in den *Güztüfel*, den Geizteufel; mein Onkel, ein braver Ehemann, in einen ungeschickten Liebhaber, der überdies das französische Wort *Cortaillod* nicht richtig aussprechen konnte, worüber sich meine Mutter während der ganzen Probenzeit und lange Jahre danach ärgerte, bis sie schließlich doch noch darüber lachen konnte. Sie war als junges Mädchen als *jeune fille* bei einer vornehmen Familie in Vevey gewesen und hielt sehr viel auf die korrekte Aussprache.

Darin liegt kein Geheimnis, höchstens die Erinnerung an ein Gefühl. Vielleicht ist das Geheimnis in jenen Nachmittagen kurz vor vier Uhr zu finden, wenn ich in unserem Badezimmer in den Genuss eines Schauspiels kam, für mich größer und erhabener als alles, was auf den Brettern der näheren Umgebung zu sehen war: In der Hauptrolle meine Mutter, die sich für ihre Arbeit in der *American Bar* umzog und sich von einer gewöhnlichen Hausfrau in die Königin der Nacht verwandelte.

Sie besaß die wunderbarsten Kostüme. Ich erinnere mich an Hosenanzüge in goldgrünem Wechselspiel, an weinrote Plisseekleider und an Blusen mit unendlichen Rüschenkragen, und ich erinnere mich, wie sie am Bügelbrett stand und jede Rüsche einzeln bügelte, in Dampfschwaden und nur in Strumpfhose und Unterhemd, aber schon frisiert und geschminkt. Das Parfüm, *Shalimar* von *Guerlain*, vermischte sich mit dem ordinären Geruch der Teddy-Bügelstärke. Eine Verwandlung, ja, aber ich wurde niemals Zeuge ihrer vollständigen Metamorphose. Denn erst wenn Mutter hinter dem Tresen jener mondänen Bar in der Innenstadt stand, wo sich die Halbwelt mit den Honoratioren vermischte, die Windeier Seite an Seite mit den Ehrbaren tranken; erst zwischen den *Gin-Fizz* und den *Manhattans*, zwischen den steifen Käppis der höheren Offiziere und den fettigen Krawatten der konkursiten Kleingewerbler, erst dort war die Hausfrau restlos in dieses Wesen verwandelt, von dem ich nur ein unvollständiges Abbild zu Gesicht bekam. Wenn sie mir beim Abschied einen Kuss gab, war hinter dem Kostüm und der Maske immer noch etwas von meiner Mutter erkennbar, jene Person, die das Essen kochte, die Wäsche machte und die Hausaufgaben kontrollierte. Etwas von dieser gewöhnlichen Frau blieb sichtbar, wenigstens für mich, und ich hätte die Welt darum gegeben, einmal die Königin in ihrem Reich zu sehen, um diese Zaubergestalt im Mittelpunkt der Nacht vollständig und vollendet zu erleben, und vielleicht ist es »dieses Bevorstehen einer Offenbarung, zu der es nicht kommt«, was sich mir wiederholt, im Theater und in der Dichtung.

II

Die zwölfte Replik

Zu Anton Tschechows »Drei Schwestern«

Das Theater ist alles, was der Fall ist.

Man ist in eine deutsche Stadt gereist, um eine bestimmte Inszenierung zu besuchen, über die man einiges gelesen hat, Anton Tschechows *Drei Schwestern* an einem der ersten Häuser der Republik, mit einigen der angesehensten Schauspielerinnen der Republik. Man hat sich eine Karte besorgt, ein Hotel gebucht, ist fünf oder sechs Stunden mit dem Zug gefahren, hat, alles in allem, eine beträchtliche Summe aufgewendet, und will deshalb alles unternehmen, um einen erfolgreichen Abend zu erleben.

Erste Voraussetzung dafür ist die Lektüre, die Durchdringung des Stückes. Man versucht, hinter sein Geheimnis zu kommen, erfolglos, bis man schließlich zur Vermutung gelangt, dass es vielleicht überhaupt kein Geheimnis gibt. Was einen aber weder beruhigt noch weiterbringt. Denn die Frage, warum und wodurch die *Drei Schwestern* ihre schwer beschreibbare, dafür umso mächtigere Wirkung entfalten, bleibt offen.

Obwohl man alleine reist, bereitet man sich auf ein mögliches Gespräch über dieses Stück vor und legt sich einige Theorien, Hypothesen, Mutmaßungen zurecht. Man kann schließlich nicht wissen, wen man im Foyer alles antreffen wird. Für sich bezeichnet man das Stück vielleicht als eine Erzählung von der Ankündigung des Unabwendbaren, wo jedes Versprechen zur Drohung und jede Drohung zu einem Versprechen wird; hält fest, dass es in keinem der fünf Akte ein Umschlagen gebe, weil Tschechow die Peripetien jeder einzelnen Replik eingeschrieben habe; hat begriffen, so redet man sich ein, warum die Bezeichnung Komödie für seine Stücke immer wieder für Missverständnisse sorgt, weil nämlich alles komisch wird, wenn nichts die notwendige Größe zur Tragik besitzt.

Damit nicht genug. Im Zug, vielleicht, auf der Anfahrt, stellt man fest, unter anderem, mit wie wenig der sogenannten Dramaturgie Anton Tschechow auskommt und ihr im ersten Akt eine einzige Replik dient, nämlich die zwölfte, wo sich die Ankündigung des Baron Tusenbach findet, dass der neue Batteriechef Werschinin am selbigen Tage seinen Antrittsbesuch zu machen gedenke; stellt erstaunt fest, dass ein geringeres Maß an Spannung, oder an Gefälle, oder an Vorwärtsbewegung, wie man es auch immer nennen mag, in einem Stück kaum denkbar ist, und stellt dann, möglicherweise, als Folge davon fest, dass jedoch selbst Anton Tschechows Stücke dieses Mindestmaß benötigen und nicht ganz ohne Spannung, Gefälle, Vorwärtsbewegung auskommen.

Allerdings arbeitet er so außerordentlich ökonomisch, dass er selbst diese eine Replik nicht alleine an die Spannung verschenkt, sondern durch diese Ankündigung die Situation, oder besser, den Zustand, der ewig wartenden drei Schwestern gleichzeitig zur Situation, oder besser, zum Zustand des Lesers, des Zuschauers macht. Er wartet mit Mascha, Olga, Irina – und es ist ein existenzielles Warten, jenes, welches einen nicht ahnen lässt, wie lange es dauern und ob überhaupt irgendwann etwas geschehen werde und welcher Art dieses vielleicht nie eintreffende Ereignis sein könnte. Und man hat deshalb bereit zu sein, jeden Augenblick, um im Fall der Fälle aufspringen zu können und diesen Moment, der einen aus dem Limbo, dieser Vorhölle, erlösen wird, zu packen, denn sonst, natürlich, wäre die Gelegenheit verpasst und unwiederbringlich verloren.

Man wartet, stellt man fest, mit den drei Schwestern, bis dieser Werschinin dreiundsechzig Repliken später tatsächlich seinen Antrittsbesuch macht. Und man hat auch festgestellt, dass selbst Anton Tschechows Stücke nicht länger als vierundvierzig Repliken ohne dramaturgische Bewegung auskommen, denn bereits in der einhundertundzwölften Replik wird neuer Besuch angekündigt, kein Soldat dieses Mal, sondern ein gewisses Fräulein, in das ein gewisser Andrej verliebt sei.

Und man hat sich gefragt, ob es einen tieferen Sinn für die Wiederholung dieser Ankündigungsdramaturgie geben könnte – und ist zu keinem Schluss gekommen. Man hat sich im Zuge dieses Gedankens an eine frühere Beobachtung erinnert, dass nämlich gewisse Formen, sogar bestimmte Figuren, bei diesem Dichter immer wieder auftauchen, etwa die schwerhörigen Diener, um nur ein Beispiel zu nennen – denn mehr als ein Beispiel wird man im Foyer bestimmt nicht geben müssen. Und man hat ferner festgestellt, dass trotz der Zärtlichkeit, mit der Tschechow die Figuren führt, er sie, wenn es darauf ankommt, rücksichtslos seinen dramatischen Zwecken opfert. So etwa, wenn sich Kulygin mit dem allerersten Auftritt endgültig erledigt, aus Gründen, hinter die man lange nicht kommt, bis man schließlich begreift, dass Tschechow die monströse Mittelmäßigkeit dieses Menschen nur deshalb in ein paar wenigen Worten offenbart und ihm auch nicht den Hauch eines Geheimnisses belässt, weil der Dichter seiner Mascha ein Gefängnis bauen will, ein Gefängnis des Mediokren, der halbgaren Gedanken, in dem sie mit ihrem Gatten Kulygin vor sich hin siecht. Und ein Dramatiker, der einer Figur ein Gefängnis baut, der pflanzt im Leser die Frage, wie lange die Eingeschlossene ihr Schicksal hinnehmen und wann sie auszubrechen versuchen wird.

So ist man also voll von Gedanken, übervoll von Tschechow, von der Literatur überhaupt, eilt blind durch die Maximilianstraße, kauft sich im Theater ein Programm, über dessen Plattitüden man nur den Kopf schütteln kann, denn die allermeisten Menschen werden durch die Auseinandersetzung mit dem Werk eines Genies nicht de-, sondern hochmütig. Da man die Gegenwart des Meisters ahnte, berührt wurde von seinem Odem, und man, so redet man sich ein, im Gegensatz zu den allermeisten Menschen, selbst jenen am Theater, überhaupt in der Lage ist, die Größe Tschechows zu erkennen, seine Meisterschaft, mit nichts als der Ankündigung eines Besuches einen ganzen Akt zu bewältigen, fühlt man sich überlegen. Und man ahnt natürlich, nachdem man sich auf seinen Platz gesetzt hat, zehn Minuten vor Vorstellungsbeginn, dass die Inszenierung an diesem Text nur scheitern kann, wie jede Theateraufführung immer scheitern muss, weil sie mit der Unvollkommenheit der dinglichen Welt zu kämpfen hat, der Dichter hingegen sich in der Sicherheit der abstrakten Begriffe austoben kann.

Aber da man davon weiß, da man dieses Wissen hat, schmückt man seine Eitelkeit mit Großzügigkeit. Man beschließt, gerade auch, weil man eine hohe Summe ausgegeben hat, dem Abend eine Chance zu geben, zumal man sich gründlich vorbereitet hat und trotz allem einige Stücke auf den Regisseur hält. Man weiß von seinen Verirrungen, das ja, aber es waren immer steile, schmale Wege, die er verloren hat, er hat sich stets ins Ungewisse vorgewagt und ist dabei naturgemäß oft hingefallen, aber das ist ja, wie man sich angelesen hat, ein ehrenvolles Scheitern, obwohl es natürlich ein Scheitern bleibt, eine Niederlage.

Alles was man tun kann, ist achtsam zu sein, ganz besonders auf die Weise, wie er mit der Replik Nummer zwölf umgehen wird, ob er ihre Bedeutung für das Stück überhaupt begriffen hat.

Man hat sich, gedankenverloren, zu früh in seine Reihe gesetzt, noch drängen die Menschen hinein und wieder und wieder hat man aufzustehen und Platz zu machen – da sieht man, wie eine durchaus attraktive Frau in ihren besten Jahren, wie man es nennt, sich daranmacht, ihren Platz zu suchen. Man hofft ein wenig, sie werde sich zu einem gesellen, obwohl man keine Zeit haben wird, ein Gespräch zu führen, da man schließlich nicht den ganzen Weg gemacht hat, um eine triviale Flirterei anzuzetteln. Überhaupt ist ein Theatersaal der ungeeignetste Ort, um Bekanntschaften zu machen – und trotzdem irisiert die Gegenwart einer attraktiven Dame und ist dem Kunstgenuss nicht notwendigerweise abträglich. Vor allem, weil sie unzweifelhaft der hiesigen Oberschicht zu entstammen scheint, mit dieser gesunden Hautfarbe und der Vorliebe für gestärkte Blusen, freundlich, unnahbar und alles in allem zu Tode gelangweilt – eigentlich eine Tschechow-Figur, wie man feststellt, was in einem, wenn man solche in der Wirklichkeit antrifft, eine Erlösungsphantasie auslöst. Und da man mit Damen dieser Gesellschaft selten ins Gespräch kommt, eigentlich überhaupt nie, denkt man sich zwei, drei Sätze aus, mit denen man unaufdringlich sein Interesse bekunden könnte, nur um herauszufinden, dass man kein Interesse hat, das über diese zwei, drei Sätze hinausgeht, und ganz gewiss hat man keine Lust, sich mit seinen Tschechow-Vertiefungen zu blamieren. Die Dame bittet um Verzeihung, man steht auf und macht sich vielleicht ein Quäntchen weniger dünn, als man es bei einer anderen Person tun würde – und da, in diesem Moment, sticht es einem in die Nase. Süßlich, streng, unverwechselbar. Die Frau riecht, sie riecht nach Knoblauch.

Man blickt um sich, ob da eine andere Person sein könnte, zu der dieser Geruch besser passen würde, aber das ist nicht der Fall, und als sich die Dame schließlich hinsetzt, gerät die Luft erneut in Bewegung und liefert den letzten Beweis.

Welche subtile Perversion bringt einen Menschen dazu, fragt man sich, vor einer Theatervorstellung eine Knoblauchsuppe zu essen, oder ein Knoblauchbrot, zumal vor einem Tschechow, der alle Sinne benötigt, bei einem Shakespeare hätte man es auch nicht gutgeheißen, aber die grobe Architektur dieser englischen Stücke, ihr Angriffscharakter, hätte einen sehr bald so weit beschäftigt, dass man auch den stärksten Knoblauchgeruch vergessen hätte.

Man riskiert einen Blick zur Seite – und erntet ein unschuldiges Lächeln, das einem ohne den dazugehörenden Geruch wahrscheinlich Anlass zu einigen Worten gewesen wäre, aber jetzt nur wie eine besonders perfide Verhöhnung vorkommt, und der nächste Blick geht in den Saal, ob vielleicht irgendwo ein Platz frei sei, auf den man sich flüchten könnte, aber in diesem Moment gehen die Lichter aus, es wird dunkel, der Vorhang hebt sich und das Spiel beginnt.

Aber ohne dass man sich beteiligen könnte, denn da ist dieser penetrante Geruch, der einem die Konzentration raubt, und man versucht sich zu beruhigen, findet, der Geruch sei zwar stark, aber mit ein, zwei tiefen Atemzügen werde man sich daran gewöhnt haben, man atmet also die Knoblauchverpestung ein, bis in die hintersten Bronchien, schnuppert, stellt fest, es hat gewirkt, man kann sich auf das Geschehen auf der Bühne konzentrieren, wo gerade eine Schauspielerin, es muss Olga sein, meint: »Ja nun! Freut mich sehr.« Und man erkennt darin die dreizehnte Replik, die Erwiderung auf die Ankündigung Tusenbachs, dass der Batteriechef Werschinin noch an diesem Tag seinen Antrittsbesuch machen werde. Man hat die zwölfte, sich gegen den Knoblauchgestank immunisierend, verpasst, was nichts anderes bedeutet, als dass man den gesamten ersten Akt nicht verstehen wird, weil die Art und Weise, wie der Schauspieler diese Ankündigung gestaltet, entscheidend ist. Den restlichen Akt verbringt man mit der Frage, ob man die Vorstellung jetzt oder erst in der Pause verlassen will, denn wie soll man die restlichen vier Akte begreifen, wenn man den ersten nicht entschlüsseln kann, weil man die zwölfte, alles entscheidende Replik verpasst hat? Man fragt sich auch, ob man von der Frau Regress fordern soll, weil man gezwungen war, ihren Knoblauchgeruch in sich aufzusaugen, was einem bald als zwar gerechtes, aber aussichtsloses Unterfangen erscheint, zumal diese Damen aus der Oberschicht häufig mit Juristen verheiratet, verbrüdert oder verschwägert sind und man nicht nur die Summe für die Anreise, die Karte und das Hotel in den Sand gesetzt hätte, sondern noch eine viel größere, die durch keinen Theaterabend zu rechtfertigen wäre. Aber etwas sagen wird man der Dame, nur schon aus Solidarität mit jenen, die sich in Zukunft neben dieser Knoblauchliebhaberin sitzen finden werden. Und so bereitet man in Gedanken die Sätze vor, mit denen man ihr in der Pause klarmachen wird, wie unflätig ihr Benehmen sei. Was derweil auf der Bühne geschieht, geschieht.

So geht nach anderthalb Stunden das Licht an, der Saal bewegt sich zu den Ausgängen, weil die anderen nachdrängen, kann man die Dame nicht schon in der Reihe zur Rede stellen. Im Foyer dreht man sich nach ihr um, holt Luft, tritt auf sie zu, da wird sie von einem Unbekannten mit Schnauzer angesprochen und umarmt, was einen zurückweichen lässt. Man wartet, betrachtet die beiden, versucht im Gesicht des Unbekannten mit Schnauzer ein Zeichen des Ekels zu finden. Aber nichts, gar nichts, vielmehr bleibt er bei der Dame stehen, redet auf sie ein, und selbst als man zehn Minuten später mit einem Champagnerglas zurückkommt, steht er immer noch da, und dann geht auch schon die Glocke, die den zweiten Teil des Abend ankündigt.

Nun findet man einige Sitze leer, manche Unzufriedene sind nach Hause gegangen, man fragt sich, ob wegen des Knoblauchs oder wegen der Inszenierung, und stellt dann fest, dass dies eigentlich ununterscheidbar, der Knoblauchgestank der Frau ebenso Bestandteil sei wie das Bühnenbild, die Kostüme, die Sprachbehandlung. Die wochenlange Auseinandersetzung mit Tschechow, die Konzeption, die Theorien, die sich dieser Regisseur ausgedacht hat, sind dem achtlosen Verzehr einer Knoblauchzehe gleichwertig. Alles wird im Theater zum Zeichen, und alles ist Teil der Gesellschaft, die sich hier einfindet. Die Kunst der zwölften Replik ist beständig gefährdet durch die Gedankenlosigkeit, und wenn es auch nur einen Menschen im Publikum gibt, der nicht auf der Seite Tschechows ist und nicht Teil seiner Gesellschaft sein will, dann sind alle Versuche, die Bedeutung der zwölften Replik darzustellen, vergeblich. So verbringt man die beiden letzten Akte, man findet sie belanglos, ungearbeitet, die Schauspieler virtuos und ohne Seele, und auf der Rückfahrt, im Zug, bedankt man sich bei der Dame, die einen zwar die zwölfte Replik verpassen ließ, einem dafür aber begreiflich machte, dass das Theater alles ist, was der Fall ist, und zwar wirklich alles.

Der Augenblick der Sprache

Zu Robert Walsers »Räuber«-Roman

Vor vielen Jahren erlitt ich bei der Lektüre eines Romans von Robert Walser einen Schock, von dem ich mich bis heute nicht erholt habe. Den Tag kann ich ungefähr benennen, es wird Ende April gewesen sein, das Jahr 1994. Ganz genau sind die beiden Orte zu lokalisieren, an denen ich mich in diesem Augenblick befand, der äußere und der innere. Der äußere lag bei Brügg, einem Ort zwischen Biel und Bern; der innere Ort betraf die Situation auf Seite zwölf in Walsers *Räuber*-Roman.

Es hat in meinem Leseleben ähnliche Momente gegeben, Entwicklungssprünge, mit denen sich von einer Sekunde auf die nächste meine Sicht auf die Welt veränderte. Bei Georg Büchner ist mir das passiert, bei den Gedichten von William Carlos Williams, und das allererste Mal mit einem italienischen Jugendlexikon in zwanzig Bänden.

Zügelmänner, die das Haus eines Verstorbenen räumten, hatten es mir überlassen. Ich war acht Jahre alt. Die Bände waren bunt illustriert, für jedes Stichwort war eine Seite reserviert, jede davon das Tor zu einer anderen Welt. Das Leben Justus Liebigs, die Wirtschaft Argentiniens, die Schlacht im Teutoburger Wald, das Gesetz der schweren Wassersäule: Ich begann zu begreifen, wie groß das Wissen sein musste, das in den Büchern verborgen lag – und wie kurz dagegen mein Leben, um es daraus zu befreien. Selbst wenn ich jeden Tag ein Buch

lesen und hundert Jahre alt würde, könnte ich es besten-
falls durch unsere bescheidene Stadtbücherei schaffen.

Diese Einsicht brachte mich in den nächsten Jahren
dazu, zu lesen, was mir in die Finger kam, und beileibe
nicht nur Bücher, die für mein Alter geeignet waren.
Ich las die Klassiker, und ich las sie, um von ihnen zu
lernen. Schwieriges hielt mich nicht ab, es spornte mich
an. Wenn ich etwas nicht verstand, besorgte ich mir
andere Bücher, die mir die Sache erklärten. Je verschlüs-
selter das Geheimnis, umso lohnender schien mir seine
Lüftung, und ich hegte die Vorstellung, dass mir jedes
Buch und jedes Theorem, jede Moral und jeder Lehr-
satz eines Tages nützlich sein würde.

Das war meine literarische Vorbereitung, und das
war der Grund, weshalb jene Seite zwölf im *Räuber*-
Roman mir einen solchen Schrecken einjagen konnte.

Bevor ich eine Zeile Walser gelesen hatte, kannte ich
das Geraune, das sich bei der Nennung seines Namens
ausbreitete. Ich wollte wissen, was es damit auf sich
hatte, und besorgte mir die grüne Kassette seiner sämt-
lichen Werke.

Ich begann im Schuber ganz links. Beginnend mit
Fritz Kochers Aufsätze, arbeitete ich mich langsam nach
rechts durch die kleineren Dichtungen zu den Prosa-
stücken bis zu den Romanen. Alles in allem eine kin-
derleichte Lektüre, verglichen mit den Trophäen, die
ich mir erlesen hatte, Joyce, Döblin, Pynchon. Bei
Walser dagegen einfache Sätze, simple Stoffe, über-
schaubares Personal – seltsamerweise verstand ich
trotzdem kein Wort. Ich kam einfach nicht dahinter,
was der Mann mit seiner malerischen Prosa sagen wollte, und ich kam zum Schluss, dass für Walsers Ruf vor

allem seine Biografie verantwortlich sein musste: Frühe Erfolge im Berlin der Jahrhundertwende, bewundert von den besten Köpfen der Moderne, von Walter Benjamin und von Franz Kafka, Rückkehr in die Heimat, dort verkannt, danach Mansardendichter, schließlich Zusammenbruch und fast dreißig Jahre Patient in einer Irrenanstalt. Eine solche Vita berührt nicht nur bildungsbürgerliche Germanisten.

Obwohl ich also nichts verstand und mir mein Leseinstrumentarium nicht weiterhalf, fuhr ich mit der Lektüre fort, bis zu Band zwölf jener Ausgabe, bis zum sogenannten *Räuber*-Roman. Zu Lebzeiten unveröffentlicht, hatte man dieses Buch den Mikrogrammen entrissen, jenen enigmatischen Aufzeichnungen, die Walsers Mythos vervollständigen. Schon mit den ersten Sätzen, schon mit dem berühmten »Hievon nachher mehr« – ein vielfach wiederholtes, selten eingelöstes Versprechen – fühlte ich, dass sich hier etwas zusammenbraute. Und dann, eben, wir hatten gerade den Bahnhof bei Brügg passiert, las ich auf Seite zwölf folgende Stelle:

> Auf Grund dieser Hilfe führte er gleichsam seine eigenartige Existenz weiter, und auf Grund dieser unalltäglichen und doch auch wieder alltäglichen Existenz baue ich hier ein besonnenes Buch, aus dem absolut nichts gelernt werden kann. Es gibt nämlich Leute, die aus Büchern Anhaltspunkte fürs Leben herausheben wollen. Für diese Sorte sehr ehrenwerter Leute schreibe ich demnach zu meinem allergrößten Bedauern nicht.

Ich will nicht sagen, dass ich aufschrie oder auch nur zusammenzuckte. Wahrscheinlich bemerkten die Mitreisenden an mir keine Veränderung, außer dass ich das Buch auf der Stelle zuklappte und weglegte. Denn es war klar: Walser sprach von mir! Er meinte mich! Ich war einer dieser ehrenwerten Leute! Ich las, weil ich lernen wollte, und ich hatte deshalb nichts verstanden, weil es bei Walser nichts zu lernen gab. Ich fühlte mich verschaukelt, schließlich hatte ich mich durch ein paar hundert Seiten seiner Prosa gekämpft. Warum standen diese Zeilen nicht als Warnung auf der Schmutzseite? Warum hatte man mich nicht informiert? Was hatte es für einen Sinn, ein Buch zu schreiben oder zu lesen, aus dem nichts gelernt werden konnte? Wenn er nicht für mich schrieb, für welche Leser schrieb er dann? Welches Spiel trieb dieser Walser? Mir blieb nichts anderes übrig, als in der Kassette noch einmal links zu beginnen, Walser noch einmal zu lesen.

Bis anhin hatte ich jedes Buch gelesen wie jenes Jugendlexikon. Es ging mir um das Wissen, das ein Autor über einen gewissen Gegenstand feilbot. Ich verstand die Sprache als Mittel, um diesen Zweck zu erfüllen, und je besser der Dichter sein Mittel beherrschte, umso klarer vermittelte sich der Zweck.

Nun hatte ich es mit einem Dichter zu tun, dessen Schriften keinen Zweck verfolgten. Als ich dies akzeptiert hatte und das vermittelte Wissen liegen ließ und mich nicht mehr um den Zweck kümmerte, hörte ich auf zu *lernen* und begann zu *erleben*. Eine neue Welt tat sich auf, nämlich die der Sprache selbst. Ich hörte sie atmen, schnaufen, sah, wie sie trabte, galoppierte, tänzelte, fühlte sie schmeicheln und kratzen, sich zieren und winden.

In Abhandlungen gescheiter Menschen kann man immer wieder lesen, gute Texte besäßen einen doppelten

Boden, interessant sei, was uns der Dichter verschweige, was zwischen den Zeilen stehe, das Ungesagte. Das ist in allen Fällen Unfug, aber bei Walser ist genau das Gegenteil der Fall. Er zeigt uns, dass zwischen den Zeilen nichts ist außer weißes Papier und jenseits des Papiers keine Welt wartet, keine Zeit und kein Ort. Kellers *Grüner Heinrich* scheitert in Zürich, Julien Sorel in Stendhals *Rot und Schwarz* im nachnapoleonischen Frankreich, Molly Bloom träumt in einem Bett in Dublin, am 16. Juni 1904. Aus diesen Büchern lernen wir viel über die Epoche, in denen ihre Handlung spielt. Nicht so bei Walser. Der einzige Aufenthaltsort seiner Geschichten ist die Sprache selbst, sie sind ortlos, und ich vermute, darin liegt der Grund, weshalb man ihn einen Dichter für Dichter genannt hat. Schriftsteller träumen davon, einen inhaltslosen Text zu schreiben, einen Roman über nichts, wie Flaubert es formuliert hat. Robert Walser ist diesem Ziel sehr nahegekommen.

Weil es bei ihm nichts zu lernen gibt, weil er keine Absicht verfolgt, keine Entwicklung aufzeigt, weder in seinem ganzen Werk, noch in den einzelnen Texten, verbreitet dieser Robert Walser ein großes Unbehagen. Er lässt sich nicht verwerten, nicht schulisch, nicht wirtschaftlich, nicht biografisch. Wir werden durch seine Lektüre nicht zu besseren Menschen, und schon gar nicht zu besseren Bürgern, eine Forderung, die man der Literatur aus der Schweiz gerne stellt. Der Staatsbürger lebt nämlich einerseits von der Vergangenheit, von der Verpflichtung der Tradition, andererseits von der Zukunft, davon, dass die besten Tage noch vor uns liegen und alles, was wir schaffen, bloß den Grundstein legt für das Glück der kommenden Generationen. Beides gibt es bei Walser nicht, weder die Vergangenheit, noch die Zukunft. Es bietet uns etwas weit Kostbareres, nämlich den Augenblick der Sprache. Wenn wir ihn nicht in seinem Erscheinen erleben, so ist er verloren. Walser wertet diese Momente nicht. Es gibt bei ihm keine Unterschiede, alles ist gewöhnlich und erhaben zugleich. Es gibt nur den wahrgenommenen Moment, ob schön oder hässlich, das ist einerlei. Diesen Moment können wir nicht konservieren, seine Essenz nicht zusammenfassen, wir können bloß versuchen, aufmerksam zu sein, bereit, offen, leer.

Das ist der Grund, weshalb mich Walser damals im Zug zwischen Biel und Bern, auf der Höhe von Brügg, ins Herz getroffen hat. Und mich bei jeder Lektüre neu berührt. Seine Literatur fragt mich nicht, wer ich bin, was ich kann, was ich gelesen habe oder wie groß mein Wissen ist. Sie fragt mich bloß: Bist du bereit? Willst du sehen?

Blatt 488

Zu einem Mikrogramm Robert Walsers

Ein Bogen Papier. Dreizehn mal knapp zweiundzwanzig Zentimeter. Darauf Kringel, Striche, Bögen in dreiundsiebzig Linien. Ihre Höhe beträgt durchschnittlich zwei Millimeter. Diese dreiundsiebzig Linien sind in drei Blöcke unterteilt; der erste umfasst dreizehn, der zweite einundzwanzig, der dritte Block neununddreißig Zeilen. Als Folge dieser Unterteilung zwei Leerstellen, die erste nach einem Fünftel.

Die Legende zu diesem *Blatt 488*: Der erste Teil sei der Schluss eines Prosastückes, mit dem zweiten beginne der *Räuber*-Roman von Robert Walser.

Jenseits dessen, was kodiert ist: *Blatt 488* ist ein Bild. Ein Bild aus Bildern. Die Bilder sind Buchstaben, Figuren, die für sich stehen, aus deren Erscheinung nichts abzuleiten ist.

Wer die Konventionen kennt, hat gelernt, dass jeder Buchstabe eine Artikulationsanweisung ist, eine Vorgabe, wie sich der Sprechapparat zu verhalten hat, um einen bestimmten Laut zu bilden.

Aber davor, vor dieser Konvention, ist der Buchstabe ein Bild. Jemand, der von Hand schreibt, zeichnet ein Bild.

Die deutsche Sprache kennt neunundzwanzig solcher Bilder, dazu eine Handvoll Satzzeichen. Ihre Form ist gegeben. Ein *F* besitzt immer zwei Querstriche, ein *C* ist immer halb offen; undsoweiter.

Wer schreibt, hat diese Formen zu reproduzieren und sie stilistisch zu interpretieren. Wie er das tut, ist ihm überlassen.

Die Handschrift zeichnet eine bestimmte Bewegung, eine Übung nach. Üben bezeichnet die Hingabe an die Wiederholung. Tatsächlich bleiben sich die Buchstaben und die Worte gleich, aber die Erfahrung, die in den Sätzen zum Ausdruck kommt, ist neu.

Wie die Buchstaben sind auch die Worte, die daraus gebildet werden, jenseits ihres Sinngehaltes und des Imaginationsobjekts, das sie evozieren, ebenfalls zuerst Bilder. Die Menge dieser Bilder ist begrenzt. Das Wörterbuch gibt die Anzahl der möglichen Wörter vor, und selbst die größten Dichter haben dem Vokabular nur eine Handvoll neuer Begriffe hinzugefügt.

Lauftuch ist kein deutsches Wort, obwohl jeder es aussprechen und man sogar vermuten könnte, dass es dem Wortschatz angehört. Aber niemand kennt seine Definition, und ein Wort muss definiert sein, damit es Teil der Konvention wird. Erst die Konvention ermöglicht den Austausch, Sehnsucht und Absicht einer jeden Sprache.

Ein Dichter, der sich über die Konvention erhebt, indem er Worte erfindet, die nur er selbst versteht, beweist durch den Verstoß umso deutlicher ihre Gültigkeit. So, wie der Maler an die Farben gebunden ist, ist der Dichter an die Worte gebunden.

Mit den Worten bildet der Dichter Sätze. Er ist zwar frei, mit welchen Worten er welche Sätze bildet, aber die Sätze selbst sind nicht beliebig formulierbar. Sie haben einem Schema zu folgen, das durch die Grammatik festgelegt ist.

Die Freiheit des Dichters, sein Spielraum, beginnt erst in der Fügung der Sätze. Im Gegensatz zu den Buchstaben und den Worten ist ihre Abfolge durch nichts festgelegt, es gibt kein Reglement, das bestimmt, welcher Satz einem anderen folgen darf.

Die Freiheit des Dichters liegt also nicht in der Konstruktion, sondern in der Abfolge. So, wie niemand über die Motorik gebietet, die für einen Schritt notwendig ist, aber entscheiden kann, wohin er seine Füße setzen will, bestimmt auch der Dichter nicht über die Elemente, sondern über ihre Reihenfolge.

Auffällig an *Blatt 488* sind die sparsamen Korrekturen, es sind sieben, ziemlich gleichmäßig über die Blöcke verteilt und dünner als die Schrift selbst, sie muten beinahe wie Federstriche an und haben etwas Zögerliches, vor allem die Korrektur in Zeile neunzehn, am Ende des zweiten Blockes, zentral in der Mitte des Blattes gelegen: ein krakeliger Strich, unentschieden. Er macht nichts undeutlich, im Gegenteil: Er hebt hervor, jedenfalls löscht er nichts aus, das Wort bleibt deutlich erkennbar.

Der dichterische Vorgang ist eine Abfolge und daher eine Bewegung. Jede Bewegung hinterlässt eine Spur. Die Spur hat einen Doppelcharakter. Sie beweist die Präsenz: Jemand war hier, es gab einen Moment der Gegenwart, und was wir sehen, ist der Beweis für diese Gegenwart. Gleichzeitig ist diese Gegenwart vergangen, das, was die Spur hinterlassen hat, ist nicht mehr da. Die Spur zeichnet Präsenz und Bewegung nach.

Eine Spur zeichnet einen Weg nach, durch ein Gelände, durch ein Bewusstsein, durch einen Traum. Eine Spur ist das Abbild einer Erfahrung.

Eine Spur ist niemals fehlerhaft. Es kann sein, dass der Weg selbst vorgetäuscht ist und jemanden in die Irre führen will. Der Weg mag eine Fälschung sein, das Bewusstsein, das Gelände oder der Traum, auf das die Spur verweist, kann eine reine Behauptung sein und niemals existiert haben. Die Spur selbst allerdings ist keine Fälschung, sie verweist bloß auf etwas anderes, als jener, der die Spur liest, vermutet hat.

Eine Spur lässt sich verwischen, aber nicht löschen. Man kann die Erfahrung, die sich abbildet, nicht rückgängig machen. Ihre Folgen sind in der Welt. Das gilt auch für die Vorstellung, ihre Inhalte können vergessen, aber nicht gelöscht werden: Wir sehen einen Fluss. Über diesen Fluss führt eine Brücke. Auf der Brücke steht ein Mann. Der Mann trägt einen Hut.

Wer dies gesehen hat, wird die Bilder immer gesehen haben. Der Fluss, die Brücke, der Mann werden immer da gewesen sein.

Vielleicht wird man eines Tages, wenn niemand mehr von Hand schreiben wird, vergessen haben, dass jede Schrift eine Spur ist, und dass man Spuren zwar verwischen, aber nicht löschen kann.

Was der Dichter in das Bewusstsein setzt, kann er nicht mehr daraus entfernen. Er kann die Inhalte bloß verwandeln. Der Mann wirft den Hut in den Fluss, überquert die Brücke, der Fluss trocknet aus – und so weiter.

Eine Spur verwischen: Die eine Spur durch die andere Spur überlagern.

Die Handschrift ist eine solche Spur. Sie verweist auf eine Hand, diese Hand auf einen Körper, der Körper auf ein Bewusstsein.

Eine Protowissenschaft, die Graphologie, behauptet, aus der Art und Weise, wie jemand schreibt, Rückschlüsse auf die Persönlichkeit ziehen zu können. Selbst wer diese Möglichkeit verneint, wird nicht abstreiten, dass jede Handschrift eine Empfindung auslöst. Sie wird, wie jedes Bild, ästhetisch betrachtet. Man sagt, jemand habe eine schöne Handschrift, und diese Schönheit verweist auf das Wesen einer Person.

Weil Handschriften ästhetisch betrachtet werden, behaupten sie eine Moral. Man sagt, jemand habe eine schöne Handschrift, oder man sagt im Gegenteil, er habe eine Klaue, ein Wort, mit dem die Extremität eines Tieres beschrieben wird. Eine hässliche Handschrift verweist auf das Tier in uns.

Schreiben ist stummes Sprechen, eine Übersetzung der Bewegung der Zunge, des Kehlkopfes und der Stimmlippen in eine Bewegung der Hände. Beides, Sprechapparat und die Hände, unterscheiden den Menschen vom Tier.

Es gibt gibt angenehme und schmerzhafte, aber keine falschen Erfahrungen. Darauf hat Robert Walser immer wieder hingewiesen, auf die Gleichwertigkeit der Erfahrungen.

Die Schrift ist eine Spur. Die Spur ist der Beweis einer Präsenz und zeichnet gleichzeitig eine Bewegung nach – das ist ihr doppelter Charakter. Die Bewegung ist ein Beweis der Verwandlung. Die Schrift, auf das Papier gezeichnet, ist ein Zeichen der Präsenz in der unausgesetzten Verwandlung des Existierenden, die Schönheit ihres Bildes ist ein Beweis der Menschlichkeit.

Macht und Erinnerung

Zu William Shakespeares »Richard III.«

Das Stück *König Richard III.* wird in Shakespeares Werk unter die Historien gereiht, und tatsächlich existierte im fünfzehnten Jahrhundert ein englischer König mit diesem Namen.

Richard, Herzog von Gloucester, ein York und damit Parteigänger seines Bruders und amtierenden Königs Eduard IV., hatte seinen Vater und den älteren Bruder in den Rosenkriegen verloren. Er floh, nachdem sein Widersacher Heinrich VI. und mit ihm das Geschlecht der Lancasters auf den Thron gelangt waren, mit dem gestürzten König ins Exil nach Holland. Jedoch nicht allzu lange. Die Yorks kehrten zurück, erlangten die Macht wieder, aber bald starb König Eduard, und der Kampf um den Thron begann von Neuem. Am Ende saß Richard III. auf dem englischen Thron und hielt sich dort für kurze zwei Jahre.

Seine Politik, seine Taten, waren ohne Zweifel alles andere als friedliebend. Er führte Krieg, ließ verhaften und ermorden – er war mit diesem Verhalten ein ziemlich gewöhnlicher Angehöriger seiner Kaste. Was ihn allerdings heraushebt: Er war der letzte Herrscher aus dem Hause der Plantagenets, dieses ursprünglich französischen Herrschergeschlechts, das dreihundert Jahre Englands Geschick bestimmt hatte. Mit Richard III. enden auch die Rosenkriege, der dreißigjährige Streit zwischen den Häusern York und Lancaster, den beiden

Seitenlinien der Plantagenets. Sein direkter Nachfolger, Heinrich VII., der Richard in der Schlacht von Bosworth besiegte und tötete, war der erste Tudor auf dem Thron, eine Dynastie, die fünf Regenten hervorbrachte. Als Letzte Elisabeth I., die jungfräuliche Königin, die einem ganzen Zeitalter den Namen gab und den Aufstieg Englands zu einer Weltmacht begründete. Es war diese Königin, unter deren Herrschaft William Shakespeare lebte, liebte und seine Stücke schrieb.

Die Ansprüche der Tudors waren von allem Anfang an schlecht begründet. Schon der erste ihrer Dynastie, Heinrich VII., war ein illegitimes Kind, seine Familie damit offiziell von der Thronfolge ausgeschlossen. Weil die Legitimität fehlte, musste sich Heinrich die Krone auf dem Schlachtfeld erobern, als letzter englischer König, dem dies gelingen sollte. Aber der Ruch der Usurpation blieb während der ganzen Regentschaft von hundertzwanzig Jahren an den Tudors haften. Dynastische Legitimität war für die Könige lebenswichtig. Nicht nur das Amt und die Würde – der eigene Kopf hing davon ab, die Rechtmäßigkeit seiner Ansprüche belegen zu können.

Elisabeth I., die letzte Tudor, hatte bereits als Kind Gelegenheit, diesen Kampf aus nächster Nähe zu beobachten. Der Vater, Heinrich VIII., hatte ihre Mutter, Anne Boleyn, durch einen Staatsmord hinrichten lassen, weil sie ihm keinen männlichen Thronfolger gebären konnte. Elisabeth lernte die Lektion und ließ als Königin ihre Cousine aufs Schafott führen: Maria Stuart wurde an einem Februarmorgen des Jahres 1587 der Kopf abgeschlagen – ausgerechnet und sehr symbolhaft auf Schloss Fotheringhay, dem Geburtsort Richards III.

Aber die Ansprüche der Stuarts auf den Thron waren damit nicht aus der Welt, und tatsächlich begann nach Elisabeths Tod die Ära ihrer Regenschaft.

Solange sie an der Macht waren, hatten die Tudors jedes Interesse daran, Richard III. so böse wie möglich und die eigene Usurpation als Befreiung von einem Despoten darzustellen. Die Dämonisierung des letzten Königs aus dem Hause Plantagenet war Staatsräson. Man ließ die Dokumente, die Richard in einem guten Licht zeigten, wie etwa den Beschluss des englischen Parlaments zu seiner Einsetzung, die *Titulus Regius*, vernichten und installierte eine eigene Geschichtsschreibung. Raphael Holinshed schrieb zu Elisabeths Zeiten eine Chronik Englands, aus der sich Shakespeare für seine Stücke oft und auch für *Richard III.*, bediente. Sie war selbstverständlich ganz nach dem Geschmack der Tudors.

William Shakespeare – ein Propagandist? Der Hund seiner Herrin? Er war gewiss kein Dissident. Der Dichter bewegte sich erfolgreich in seiner Gesellschaft und betrieb sein Theater-Unternehmen mit Gewinn. Er trat mit seiner Truppe, den *Chamberlain's Men*, am Hof vor der Königin auf. Shakespeare war ein Kind seiner Zeit, inhaltlich, formal, er wusste, was sein Publikum zu sehen und zu hören wünschte und erzählte die ihm genehme Geschichte. Er passte sich an. Aber das ist nicht alles. Es gelang ihm, seine Zeit und ihre Machthaber, die Tudors, zu feiern und zu gleichzeitig zu kritisieren.

Shakespeare zeigt in *Richard III.* das Gemetzel um die Macht. Er beschreibt die Logik hinter jedem tödlichen Machtkampf: Der letzte Überlebende, der seine Ansprüche anmelden kann, wird König. Dieser Machiavellismus negiert alles, was wir christlich und menschlich nennen – die Freundschaft, das Vertrauen und das Mitgefühl, aber im Kampf um die blanke Existenz sind das Nebensächlichkeiten. Das Ringen um das physische Überleben schildert Shakespeare in seinem Stück in allen Einzelheiten. Richard watet durch ein Meer aus Blut und Eingeweiden. Nacheinander lässt er seinen Bruder, seine Neffen, seine Frau und seinen engsten Berater umbringen. Am Ende steht er allein auf dem Schlachtfeld, verlassen von allem Lebendigen, umringt nur von den Geistern jener, die er töten ließ. Ein Verrückter, der nach einem Pferd schreit, und alleine die genaue Darstellung ihrer Machenschaften wäre eine fundamentale Kritik an den Mächtigen.

Aber Shakespeare ist nicht Politiker, er ist Dichter. Der Kampf ums Dasein ist für ihn ein Krieg um und mit der Sprache. In der ersten Szene des dritten Aktes formuliert Richard es selbst deutlich: »I moralize two meanings in one word.« Richard benutzt die Worte alleine als Mittel zur Erlangung der Macht. Er sagt, was für ihn nützlich ist. Darüber hinaus hat die Sprache keinen Zweck, sie kennt keine Wahrhaftigkeit. Das Morden wird durch Sprache vorbereitet und auch mit ihr vollendet, und Shakespeare hatte den Mut und die Freiheit, das Wissen über diese Praktik seinem unmoralischen Helden in den Mund zu legen: »I say, without characters, fame lives long.«

Wenn wir keine *characters*, also Buchstaben, haben, dann fehlt uns die Möglichkeit, die Taten eines Menschen zu beurteilen. Wenn wir keine Zeugnisse haben, dann können wir nur glauben, was jene berichten, die einen direkten Nutzen aus dem Nachruhm des vermeintlichen Helden oder Schurken ziehen. Denn es sind immer die Sieger, welche die Geschichte schreiben. Die Verlierer sind tot und werden schweigen. Was wir von der Vergangenheit wissen, ist so gesehen immer die Ideologie des letzten Überlebenden.

Es gibt eine Szene im dritten Akt, die dies besonders deutlich macht. Bei der Betrachtung des Londoner Tower meint der Prinz von Wales, der spätere König Edward V., er möge diesen Platz am allerwenigsten: »I do not like the tower, of any place.« Und auf die Bestätigung, dass Julius Cäsar ihn erbaut habe, will er wissen, ob dies auch dokumentarisch belegt sei, und falls nicht, fordert er: »Methinks the truth should live from age to age / As 'twere retail'd to all posterity / Even to the general all-ending day.« Die Wahrheit solle von einer Zeit zur anderen fortleben, sogar bis zum allgemeinen, alles beendenden Tag.

Wenn Shakespeare dies dem Prinzen in den Mund legt, wendet er sich natürlich auch an seine Zeitgenossen. Er weiß, wie die Wahrheit gebeugt und verdreht wurde, ganz besonders auch von seiner Königin. Und er weiß, wie gefährlich die Haltung des Prinzen Edward ist, denn wie lautet dessen stiller Kommentar auf die moralische Forderung des Bruders?: »So wise, so young, they say, do never live long.« Darin liegt eine doppelte Wahrheit: Es lässt sich auf die Gefahr beziehen, in die sich jeder begibt, der die Wahrheit sucht. Aber es lässt sich eben auch auf die Geschichte im Allgemeinen und auf Richards Fall im Speziellen münzen.

Die Legitimität eines Königs wird immer zweifelhaft bleiben und ist letzlich nur durch das unbelegbare Gottesgnadentum zu erklären. Und weil sie schwach ist, muss jeder Gedanke, jedes Wort, das diese Rechtmäßigkeit bezweifelt, zerstört, jede Erinnerung an die wahren Umstände des Machterhalts ausgelöscht werden. Shakespeare weiß, dass der wirkliche Richard weder bucklig noch besonders hässlich war, er weiß, dass er seinen Bruder Clarence nicht im Malvasierfass ertränken ließ, er weiß, dass die beiden Prinzen, die Kinder seines Bruders, von mindestens einem halben Dutzend Menschen hätten umgebracht werden können. Er weiß, dass niemand jemals wissen wird, was Richard für ein Mensch war. Shakespeare ahnt, mit welchen Mitteln die Tudors auf den Thron gekommen sind: mit denselben wie die Plantagenets und die Stuart, wie alle Könige und Diktatoren letztlich an die Macht kommen, mit den Mitteln roher Gewalt.

Und er weiß, dass man darüber unter Androhung des Todes schweigen muss. Sogar von seiner eigenen Königin hieß es, dass sie den Namen ihrer verstoßenen und geköpften Mutter niemals in den Mund genommen habe. Worüber man nicht spricht, liest oder schreibt, das existiert nicht. Die Tabuisierung der Geschichte, die Konstruktion einer Lüge als Staatsräson, das sind Konstanten des Totalitären. Shakespeare lebte in solchen Verhältnissen, aber er nahm sich die Freiheit, darüber zu schreiben und sie in seinen Stücken mannigfaltig zu spiegeln. In ihnen lernen wir, wie das Vergessene, das Verdrängte und Verleugnete wiederkehrt: in den Träumen, der Kunst und in den Theaterstücken.

Das Mühlrad

Zu Georg Büchners »Woyzeck«

Der Mythos, so definierte es der römische Schriftsteller und Philosoph Sallust, sei das, was nie geschah und sich immer ereigne.

Zumindest der zweite Teil dieser Definition trifft auf jedes Theaterstück und also auch auf den *Woyzeck* von Georg Büchner zu. Mit jedem Mal, da diese Geschichte gelesen oder gespielt wird, ereignet sich dasselbe: Immer wieder steht er mit seinem Freund Andres im Gebüsch, schneidet Stöcke, hört Stimmen und redet wirres Zeug. Immer wieder schlägt Woyzeck auf die Erde und bezeichnet sie als hohl. Immer wieder muss der Ärmste zusehen, wie sich seine Marie mit dem Tambourmajor einlässt. Immer wieder muss er zu diesem Juden und sich ein Messer kaufen – das er schließlich wieder und wieder seiner Liebsten in den Leib sticht. Alles geschieht auf ewig dieselbe Weise. Ein Albtraum, der kein Ende nimmt.

Das Beunruhigende an diesem Mythos ist allerdings, dass er sich im Gegensatz zur Definition des Philosophen nicht nur auf der Bühne, sondern in der Wirklichkeit ereignet hat, und zwar im Sommer des Jahres 1821. Ein gewisser Johann Christian Woyzeck tötete damals in der Stadt Leipzig seine Braut, die Johanna Christiane Woost. Nervenärzte untersuchten darauf den Mörder. Man wollte wissen, ob dieser Mann verrückt sei oder nicht. Und also ins Irrenhaus oder unter das Schwert gehöre. Man sprach mit ihm, examinierte ihn und schrieb einen Bericht. Woyzeck brachte man schließlich auf den Marktplatz zu Leipzig, wo ihm der Scharfrichter den Kopf abschlug. Der Bericht der Ärzte aber wurde veröffentlicht, in einem Ergänzungsheft zur »Zeitschrift für Staatsarzneikunde«, verlegt in Erlangen im Jahre 1825 unter dem Titel *Die Zurechnungsfähigkeit des Mörders Woyzeck, nach Grundsätzen der Staatsarzneikunde aktenmäßig erwiesen von Hrn. Hofrat Dr. Glarus.*

Das war natürlich gelogen. »Erwiesen« war nichts, auch der Herr Hofrat fand keine Antwort auf die Frage nach dem Warum. Dass Büchner, übrigens, diesen Bericht gekannt hat, ist wahrscheinlich, sein Vater war Irrenarzt in Hessen – und verfasste über Verbrecher ebensolche Gutachten.

Auf manche Weise ist dieses Stück eine Kritik an der Wissenschaft, oder jedenfalls eine Abrechnung mit der Idee, von ihr gültige Antworten zu erhalten. Im Stück verfüttert ein Arzt dem Soldaten Woyzeck Erbsen, nichts als Erbsen. Wie dessen wirkliches Vorbild, ein gewisser Justus Liebig, will dieser Doktor herausfinden, ob man den Menschen ausschließlich mit pflanzlichem Eiweiß ernähren könne. Die Folge dieser Ernährung ist geistiger Zerfall und am Ende Halluzinationen. Ist es das, was Woyzecks Irrsinn auslöst?

In einer Szene rasiert Woyzeck seinen Hauptmann. Dieser bittet ihn, sich nur ja nicht zu beeilen, und meint: »Es wird mir ganz angst um die Welt, wenn ich an die Ewigkeit denke. [...] Woyzeck, es schaudert mich, wenn ich denke, dass sich die Welt in einem Tage herumdreht. Was 'n Zeitverschwendung! Wo soll das hinaus?

Woyzeck, ich kann kein Mühlrad mehr sehn, oder ich werd' melancholisch.«

Aber die Frage, die das Stück stellt, ist natürlich grundsätzlicher. Es ist die Frage nach dem Zustand des Menschen überhaupt. Was ihn auszeichnet, wie einzigartig er sei, und wie sehr er sich vom Tier unterscheide. Und selbstverständlich findet das Stück auf diese Frage so wenig eine Antwort wie die Wissenschaft. Nur immer eine neue Frage taucht auf. Und mit jeder Frage wird das Rätsel größer.

Ein Rätsel ist auch das Stück selbst. Ein Rätsel genau wie sein Autor, ein Revolutionär, ein Philosoph, ein Arzt, ein Universitätsdozent, ein Flüchtling, ein politischer Pamphletist: all dies war dieser Georg Büchner in seinem kurzen Leben. Er starb im Alter von dreiundzwanzig Jahren an Typhus, in Zürich, an einem Februarartag des Jahres 1837. Er hat einige der beunruhigendsten Texte der deutschen Literatur hinterlassen. Die träumerische Komödie *Leonce und Lena*, das Revolutionsdrama *Dantons Tod*, die Dichter-Novelle *Lenz*. Jeder dieser Texte schaut auf seine Weise in denselben Abgrund, den Büchner im Menschen entdeckt. Er tut dies schonungslos und ohne Aussicht auf Trost. Oft wurde der Vergleich schon bemüht, dass Büchner mit demselben Skalpell, mit dem er als Physiologe Präparate untersuchte, in seinen Texten der *conditio humana* zu Leibe rücke. Und fand doch nichts in diesem menschlichem Gewebe, nur immer weitere Abgründe, weitere Rätsel. Bei allem, was er untersuchte, blieb die Frage: »Warum?«

Natürlich ist diese offene Frage für den Menschen nicht hinnehmbar. Er wird weiter nach Antworten forschen. Und sucht sich dafür Spielplätze. Zum Beispiel jenen, in welcher Reihenfolge die Szenen des Stücks stehen sollten. Büchner hat dazu keine Angaben gemacht. Sein *Woyzeck* ist ein Fragment geblieben, unvollendet, einige lose Blätter in der Hinterlassenschaft des Toten. Ein halbes Jahrhundert galt die Schrift als nicht entzifferbar. Bis ein österreichischer Schriftsteller mit Namen Franzos das Gegenteil bewies und sie als Drama publizierte. Später unternahm man neue Versuche, das Werk zu entziffern und in eine logische Folge zu bringen. Die Begründungen wurden stichhaltiger, aber sie blieben letztlich Behauptungen, zweifelhaft und revidierbar.

Es scheint, als leide die Philologie bis heute unter dieser Kränkung. Mit allen Mitteln hat man versucht, wenigstens die Reihenfolge der Szenen zu bestimmen, die Büchner vorgeschwebt haben mochte. Und als die philologischen nicht mehr reichten, nahm man die Naturwissenschaft zu Hilfe, etwa die Röntgenfluoreszenzanalyse. Man untersuchte Büchners Papier und seine Tinten und kam zum Schluss, er müsse das Stück in Straßburg begonnen und bis kurz vor seinem Tod in Zürich daran gearbeitet haben. Etwas Endgültiges konnte man damit nicht aussagen. Fand hinter jeder Frage zwei weitere – und bestätigte damit nur, was Büchner in seiner Dichtung bewies und worüber er sich lustig machte: Mit welcher Methode und mit welchem Ehrgeiz man dem Menschen auch zu Leibe rückt, eine Antwort wird es nicht geben.

Das Mühlrad dreht sich. Es wird weiter geliebt und getötet, gelitten und genossen. Aber was ist es, das dieses Rad antreibt? Wo liegt der Ursprung seiner ewigen Bewegung? Und wo seine Achse, um die sich alles dreht? In einem wütenden Gott? In einem Fluch, der auf den Menschen liegt? Im Wahnsinn? In einer schlechten Ernährung? In der sozialen Misere? Oder vielleicht am Ende in der Sprache selbst, in dieser Krankheit, diesem Gift, vor dem man sich bei Büchner zu fürchten lernt? Man kann es nicht entscheiden. Alles liegt lose. Selbst die Zeit schafft keine Ordnung. Es gibt keine Chronologie, keinen Zusammenhang zwischen Ursache und Wirkung. Das eine folgt dem anderen. Der Mensch ist gefangen in Kreisläufen. Er leidet und begeht Verbrechen, er kennt Eifersucht und die Gewalt. Aber ebenso kennt er die Lieder, er kennt die Liebe und die Schönheit. All dies findet Platz in einem Stück, in einer Figur, in einem Menschen, in diesem Woyzeck. Und deshalb beschwören wir ihn, deshalb lesen und deshalb spielen wir ihn. Immer und immer wieder.

Brechts Pathos

Brecht beginnt unserer Zeit fremd zu werden. Er hätte sich darüber gefreut. Wie viel Mühe hat er darauf verwendet, seine Gegenwart so weit zu verfremden, dass er sie historisch betrachten konnte. Dieses Problem hat sich erledigt. Er selbst ist historisch geworden, und für uns stellt sich die Frage, ob und wie wir seine Stücke zeitgenössisch spielen können.

Die bürgerliche Gesellschaft kennt zwei grundsätzliche Haltungen zur Kunst: Sie verstößt, was sie nicht ins allgemein Verständliche eingemeinden kann. Oder identifiziert sich mit dem Vatermord, der Eifersucht, der Geschäftstüchtigkeit. Brecht aber beharrte darauf: Ödipus ist anders, Othello ist anders, seine Courage ist anders, und wir müssen fähig werden, diese Andersartigkeit zu ertragen und ihre Voraussetzungen zu verstehen. Nur dann können wir uns selbst anders sehen, gestalten, was als unveränderliches Schicksal erscheint.

Brecht verstand die Gesellschaft als Fluss, den man begradigen und durch Schleusen beherrschen kann. Wir aber, die Nachgeborenen, sind dabei, die Wassermoleküle zu verändern. Der Wunsch nach Gestaltung hat sich längst zum Furor entwickelt, der sich gegen den Menschen richtet. Statt der Gesellschaft verändern wir den Menschen, schon bis hinein in die Keimbahn. Heute verteidigen nicht Trotzkisten die ständige Bewegung und die institutionalisierte Revolution, sondern rendite-orientierte Manager.

Was bleibt? Nichts! Was wird erinnert? Die Stimmen, das, was wir für menschlich halten: Baal, Kragler, Peachum, Galilei, Shen Te, Puntila, Fatzer. Allen ist eine Schönheit eigen, die in ihrer Bewegung gründet. Schiller hat diese Form der Schönheit Anmut genannt. Heute nennen sie manche Pathos. Sie haben nicht unrecht. In der Ästhetik bedeutet Pathos den vorübergehenden Zustand, der auf dem bleibenden sittlichen Gepräge beruht. Daher rührt unser Unbehagen, wenn wir heute Brechts Stücke lesen. Er glaubte, die Veränderung sei für den Menschen ein Vergnügen. Für uns hat sie jeden Zauber verloren. Der Kapitalismus hat längst begriffen, dass sich alles ändern muss, damit alles bleibt, wie es ist. Wir transformieren uns von einer Stunde auf die andere, ohne Folgen. Alles wird anders, nichts ändert sich.

Weil wir ihn je länger je weniger verstehen, haben wir eine gute Chance, uns Brecht produktiv zu machen. Wir müssen dazu die Differenz zwischen ihm und uns aushalten und bespielen, seine Figuren auf Distanz halten und begreifen, dass uns ihre Anmut fremd ist. Die Entfernung zwischen ihnen und uns bezeichnet auch die Entfernung zwischen der Gesellschaft, die wir haben, und jener, die wir wollen.

9½ Wochen in der Provinz

Zu Gotthold Ephraim Lessings »Miss Sara Sampson«

Oft verlangt die Theaterpraxis, dass Stücke gekürzt werden, etwa, weil gewisse Nebenrollen nicht besetzt werden können oder weil der Autor, der sein Werk in erster Linie als Literatur begreift, ausschweifend wird, was der Leser vielleicht duldet, der Zuschauer, an seinen Stuhl gebunden, aber kaum ertragen würde. Stücke zu kürzen ist immer eine schwierige Aufgabe, aber es gibt Autoren, die den Eingriff des Dramaturgen eher erlauben als andere. Sophokles etwa ist kaum zu streichen; löst man einen Teil, zerbröseln seine Tragödien. Samuel Becketts Stücke verlangen ebenfalls Integralität, jedes Wort trägt bei ihm die Last des ganzen Stückes. Diese Eigenschaft besagt nichts über die Qualität der Stücke; Shakespeare lässt sich beinahe beliebig kürzen, und die Stücke Gotthold Ephraim Lessings verlangen geradezu nach dem Strich. Es ist, als wolle er dem Dramaturgen, der er selbst war, in Hamburg, drei Jahre lang, noch etwas Arbeit überlassen.

Miss Sara Sampson, das erste bürgerliche Trauerspiel deutscher Sprache, das Lessing 1755 im Alter von sechsundzwanzig Jahren schrieb, ließe sich in extremis mit einem einzigen Schauspieler und in einer Minute spielen. Man müsste nur die Rolle des Vaters, Sir William Sampson, besetzen und ihm seine erste und die letzte Rede lassen, sie bezeichnen gleichzeitig Anfang und Ende des Stückes.

Die erste Rede:

SIR WILLIAM Hier meine Tochter? Hier in diesem elenden Wirtshause? (I,1)

Und die letzte:

SIR WILLIAM Wenn sie Wunder tun können, so lass sie hereinkommen! – Lass mich nicht länger, Waitwell, bei diesem tötenden Anblicke verweilen. Ein Grab soll beide umschließen. Komm, schleunige Anstalt zu machen, und dann lass auf Arabellen denken. Sie sei, wer sie sei: sie ist ein Vermächtnis meiner Tochter. (Sie gehen ab, und das Theater fällt zu.) (V,2)

In dieser Fassung wäre der Kern des Stückes enthalten. Sara muss sterben, weil sie in dieses Wirtshaus in der Provinz geraten ist, nicht etwa, weil sie der vergifteten Medizin ihrer Nebenbuhlerin, der Marwood, zum Opfer fällt.

Miss Sara Sampson erzählt die Geschichte zweier Menschen, von Sara und ihrem Geliebten Mellefont. Die beiden versuchen, Bürger zu werden, das heißt, eine Identität zu erlangen, die nicht durch das bestimmt ist, was die Menschen waren, sondern durch das, was sie sein wollen, und, das ist ihre Hoffnung, auch einmal sein werden.

Und was war früher? Früher im Leben war die Sünde, und darüber sagt Norton, Mellefonts Bediensteter:

NORTON Was für ein Leben habe ich Sie nicht von dem ersten Augenblicke an führen sehen! In der nichtswürdigsten Gesellschaft von Spielern und

Landstreichern – ich nenne sie, was sie waren, und kehre mich an ihre Titel, Ritter und dergleichen, nicht – in solcher Gesellschaft brachten Sie ein Vermögen durch, das Ihnen den Weg zu den größten Ehrenstellungen hätte bahnen können. Und ihr strafbarer Umgang mit allen Arten von Weibsbildern, besonders der bösen Marwood – (I,3)

Sara weiß von der dunklen Vergangenheit ihres Liebsten, aber sie gibt vor, sich nicht dafür zu interessieren. Immer wieder versucht sie, Mellefont von den vergangenen Lastern freizusprechen, ihn für das zu lieben, was er sein wird. Zur Marwood, ihrer adeligen Nebenbuhlerin um die Gunst Mellefonts, sagt sie:

SARA Wenn, zum Exempel, ein Mellefont eine Marwood liebt, und sie endlich verlässt: so ist dieses Verlassen, in Vergleichung mit der Liebe selbst, etwas sehr Gutes. Es wäre ein Unglück, wenn er eine Lasterhafte deswegen, weil er sie einmal geliebt hat, ewig lieben müsste. (IV,8)

Auf dieselbe Weise versucht Mellefont, Sara von ihrer Sünde reinzuwaschen, der Sünde, den eigenen Vater verlassen zu haben.

MELLEFONT Hat ein einziger [Fehler] so unselige Wirkungen, dass er eine ganze Reihe unsträflicher Jahre vernichten kann? [...] Nein, Miss, Sie sind noch die tugendhafte Sara, die Sie vor meiner unglücklichen Bekanntschaft waren. (I,7)

Sara entschuldigt die lasterhafte Vergangenheit nicht nur, sondern erklärt sie zum Ursprung der Tugend. Die tugendhafte Handlung, welche das Laster überwindet, wäre ohne dieses nicht möglich gewesen; Sara behauptet, es gebe ein richtiges Handeln im falschen Leben. Sie spricht von Mellefont als von zwei verschiedenen Menschen, erschaffen aus den zwei verschiedenen Handlungen, der guten und der schlechten. Als die Marwood sie darauf an die Kontinuität der Persönlichkeit erinnert, will Sara verständlicherweise davon nichts wissen. Der Vater, als Verkörperung all dessen, was man nicht ändern kann, auch als Verkörperung des eigenen Ursprungs, muss dieses Konzept sabotieren, und tatsächlich, als sie ihn zum ersten Mal sieht, ist es auch gleich das letzte Mal, sterbend erscheint er ihr wie eine Gestalt aus dem Jenseits.

> SARA [...] Segne mich, wer du auch seist, ein Bote
> des Höchsten, in der Gestalt meines Vaters, oder
> selbst mein Vater! (V,3)

Außerhalb seiner Zentren verelendet der Bürger zum Kleinbürger. Nur Adlige ertragen die Provinz, der Bürger muss sich im Zentrum wissen. Der Adel ist kaum angewiesen auf seine Umgebung, er nimmt ihre Färbung nicht an. Was er ist, ist er von Geburt, er kann es nicht verlieren, wenn er sein Vermögen verliert, behält er seine Identität.

Der Bürger nimmt Schaden, wenn er in die Gesellschaft des Adels gerät, eine Gesellschaft, die für ihn selbst, seine bürgerliche Identität, gefährlich ist, dekadent, überstellig, für die Angehörigen des ersten Standes jedoch harmlos. Um ihre Zwecke zu verteidigen, können sie sich aller unmoralischen Mittel bedienen, der Intrigen, der fingierten Briefe, oder, wie die Marwood, der vergifteten Medizin, ohne dass sie selbst, ihre

Identität, unmoralisch wird. Ihre Handlungen berühren ihre Identität nicht.

Deshalb kann die Marwood dem erstaunten Mellefont mit vollem Ernst den Vorschlag machen:

> MELLEFONT Bestürmen Sie mich nicht weiter. Ich bin schon, was Sie aus mir machen wollen: ein Meineidiger, ein Verführer, ein Räuber, ein Mörder.
>
> MARWOOD Itzt werden Sie es einige Tage in Ihrer Einbildung sein, und hernach werden Sie erkennen, dass ich Sie abgehalten habe, es wirklich zu werden. Machen Sie nur, und kehren wieder Sie wieder mit uns zurück.
>
> ARABELLA (schmeichelnd) O ja! Tun Sie dieses.
>
> MELLEFONT Mit Euch zurückkehren? Kann ich denn?
>
> MARWOOD Nichts ist leichter, wenn Sie nur wollen. (II,4)

Hier zeigt sich das Privileg des Adels, die Identität durch die Herkunft, zu der man immer wieder zurückkehren kann. Sara hat diese Möglichkeit nicht und wird Opfer der adeligen Rollenspiele. Die Bürgerin kann keine Rolle spielen, sie wird zu dem, was sie berührt, wird zu ihrer Umgebung, sie wird zum lasterhaften, dunklen Gasthof.

Und da nützt es auch nichts, dass sich die beiden Liebenden nicht berühren und tugendhaft bleiben:

> WIRT Das gute Weibchen, oder was sie ist! sie bleibt den ganzen Tag in ihrer Stube eingeschlossen und weint. (I,2)

Auch die Nacht verbringen sie offenbar nicht zusammen, denn Mellefont stöhnt:

MELLEFONT (unangekleidet in einem Lehnstuhle)
Wieder eine Nacht, die ich auf der Folter nicht grausamer hätte zubringen können! – Norton! – Ich muß nur machen, daß ich Gesichter zu sehen bekomme. (I,3)

Die Geschichte des Bürgertums ist auch die Geschichte des Versuchs der Abschottung vom Laster, der Verhinderung der Berührung durch das Andere, Unreine. Des Bürgers Unheil ist die Berührbarkeit, die fragile, beeinflussbare Identität, dass man wird, was man tut, dass man zu seiner Umgebung wird.

Deshalb verlangt der Bürger von seiner Umgebung eine hohe Moral. Der erste bürgerliche Terror, jener der Jakobiner, war ein Terror der Moral, und er war deshalb so absolut und uferlos, weil die Bürger vom unmoralischen Menschen wie von einem Kranken ständig Ansteckung fürchten; deshalb musste der unmoralische Mensch ausgerottet werden.

Ganz zu Beginn, im ersten Akt, ahnt Sara, die bereit ist, eine Bürgerin zu werden, schon das Verhängnis ihrer Klasse.

MELLEFONT Ach Sara, wenn Ihnen alle zeitlichen Güter so gewiss wären, als Ihrer Tugend die ewigen sind — —
SARA Meiner Tugend? Nennen Sie mir dieses Wort nicht! Sonst klang es mir süße, aber itzt schallt mir ein schrecklicher Donner darin. (I,7)

Die Tugend wird dem Bürgertum auf immer vorenthalten

bleiben, und die Suche nach ihr ist die Suche nach der verlorenen Einheit der Identität. Sie führt zur Vernichtung des Anderen, des Schmutzigen, des Fremden. Die »soziale Hygiene« bleibt eine Prämisse des Bürgertums; nur unter sich, in der eigenen Klasse, in der eigenen Nation, bleibt man geschützt, und der »schreckliche Donner«, den Sara hört, ist das Echo der kommenden Kriege, in denen das Bürgertum versuchen wird, das lasterhafte Fremde von sich abzuwehren und die Einheit der Tugend zurückzuerobern.

Unsere Strichfassung würde also alles Wesentliche erzählen, allerdings fiele ihr auch jene Szene zum Opfer, die Lessings Frühwerk erst zu einem Kunstwerk macht und alleine eine Neuinszenierung rechtfertigt.

Es ist der Auftritt der Arabella, der Tochter der Marwood und des Mellefont. Sie begegnet zum ersten Mal seit langer Zeit ihrem Vater.

> ARABELLA (indem sie ihm furchtsam näher tritt) Ach, mein Herr! Sind Sie es? Sind Sie unser Mellefont? Nein doch, Madam, er ist es nicht. – Würde er mich nicht ansehen, wenn er es wäre? Würde er mich nicht in seine Arme schließen? Er hat es ja sonst getan. Ich unglückliches Kind! Womit hätte ich ihn denn erzürnt, diesen Mann, diesen liebsten Mann, der mir erlaubte, mich seine Tochter zu nennen? (II,4)

Ohne Zweifel spricht das Kind aus seinem Herzen, es ist authentisch, wenn es sich nach der Liebe seines Vaters sehnt; es meint, was es sagt. Doch gerade deswegen klingen die Worte Arabellens heuchlerischer und falscher als alle Lügen der Marwood und alle Halbwahrheiten Mellefonts zusammen. Sie klingen so metallisch und schief, weil es in jener Welt die Sprache der Herzen nicht mehr gibt. Arabellas Sprache entstammt einer anderen Zeit, als die Einheit des Wortes mit dem bezeichneten Gefühl noch gegeben war. Vielleicht ist es Lessings größtes Verdienst in seiner *Sara Sampson*, diesen Umstand nicht nur deutlich zu machen, sondern gleichzeitig zu zeigen, dass dieser Verlust bereits ausgebeutet werden kann. Denn für nichts ist der Bürger anfälliger als für das Pathos der Gefühle, den Kitsch. Die Marwood, diese Seherin, benutzt diese Waffe erfolgreich gegen die Menschen, die Bürger werden müssen, sie können sich gegen die eigene, bürgerliche Sehnsucht nach Authentizität nicht wehren.

Es gibt in *Miss Sara Sampson* viel von jenem Optimismus, den man Lessing oft vorwirft und der vielen seiner Stücke die Spitze bricht. Saras Sittenlehre gehört dazu, auch Mellefonts Ode an Saras Vater und die Vergebung:

MELLEFONT [...] Jawohl, einen göttlichen Mann: denn was ist göttlicher als vergeben? (III,5)

Seine Figuren sterben zwar, und trotzdem scheitern sie nicht. Lessing zeigt die Feigheit in Saras Hinnahme des eigenen Todes nicht. Auch Mellefonts Selbstmord ist keine Niederlage, obwohl die Gründe seiner Erdolchung nur heuchlerisch sind. Niemand glaubt ihm die Liebe zu seiner Sara oder seinen Ehrbegriff, doch Lessing lässt ihn nicht als Menschen, sondern nur als Bürger scheitern.

MELLEFONT [...] Nun bin ich wieder nichts, als Mellefont. (V,10)

Dieses Eine, nach dem er sich zwar sehnt, kann dem Bürger doch nicht reichen, es ist ihm wortwörtlich nichts, und sterbend verwandelt er sich zurück in den Adligen.

Der gütige Vater, verzeihend, benennt das bürgerliche Happyend.

> SIR WILLIAM [...] Ein Grab soll beide umschließen. Komm, schleunige Anstalt zu machen, und dann lass auf Arabellen denken. Sie sei, wer sie sei: sie ist ein Vermächtnis meiner Tochter. (Sie gehen ab, und das Theater fällt zu.) (V,11)

Das Alte begraben und den wünschenswerten Zustand des »Menschengeschlechts« in eine ferne Zukunft verlegen: das ist der Geburtsfehler des Bürgertums. Lessing benennt ihn, aber er hat darin bis zum Ende seines Lebens, bis zur *Erziehung des Menschengeschlechts*, eine Tugend gesehen. Doch die Zukunft wird das eigene, bürgerliche Sein immer korrumpieren, denn niemand ahnt die Sünden, die er in der Zukunft begehen wird, niemand kennt das Laster, dem Arabella verfallen wird, aber das Kind, wie der einzelne Mensch überhaupt, spielt keine Rolle: Arabella wird nicht die Letzte sein, und die Erfüllung der Utopie kann getrost auf später verschoben wird. Das Menschengeschlecht als Ganzes ist veränderbar; der einzelne Mensch, als Bürger, jedoch nicht, so lautet der Zynismus.

Die Marwood macht sich eben darüber lustig, über die Naivität, mit der Mellefont, der angehende Bürger, seine eigene Zukunft sieht. Sie erkennt die kommende Zeit klarer.

MARWOOD [...] Du wirst an deine schöne Heilige die Reihe Zeit genug kommen lassen. Soll ich wohl einen kleinen Überschlag machen? Nun eben bist du im heftigsten Paroxysmo mit ihr, und diesem geb' ich noch zwei, aufs längste drei Tage. (II,3)

Es ist erstaunlich, wie tief Lessings Para-Bürger in ihrem ersten bürgerlichen Trauerspiel schon gesunken sind. Sie sitzen in der Provinz, in einer billigen Absteige, in Motels, an einer Überlandstraße, hinter einem Einkaufszentrum, neben einem Swingerclub, außerhalb der Wohngebiete, zwischen Brachland und Baugruben, die neunte Woche beginnt. Sie sind erregt und müde gleichzeitig, die Dunkelheit des Wirtshauses gewährt ihnen keinen Schlaf. Mit gereizten Nerven von zu wenig Sex warten sie, dass die Langeweile endlich ein Ende nehme, aber tatsächlich hat sie gerade erst begonnen. Der Bürger fühlt sich am Anfang und ist doch schon vollendet, unveränderlich, am Ende.

Die Gleichgültigkeit der Natur

Friedrich Dürrenmatts »Das Versprechen«

Es komme ihm vor, meint der Kommandant der Kantonspolizei und einer der Erzähler in Dürrenmatts Roman *Das Versprechen*, als habe sich viel Wichtiges in jener Geschichte an Sonntagen zugetragen, in dieser fürchterlichen und blutigen Geschichte, die er gerade einem Schriftsteller erzählt: In einem Wald bei Mägenwil im Kanton Zürich wurde die Leiche eines Mädchen gefunden, es ist das Gritli Moser, gekleidet in ein rotes Röckchen. Er, der Kommandant, schickt seinen besten Mann aus, den Fall zu klären, einen Kommissär namens Matthäi. Dieser hätte eigentlich am übernächsten Tag seinen Posten in Zürich gegen eine Stelle in Jordanien tauschen sollen. Aber Matthäi wird nicht reisen. Er verspricht den Eltern des toten Gritli »bei seiner Seligkeit«, den Mörder ihrer Tochter zu finden«.

Bald fällt der Verdacht auf einen einschlägig vorbestraften Hausierer, der unter Druck ein Geständnis ablegt und sich darauf in seiner Zelle erhängt. Matthäi aber glaubt nicht, dass dieser Mann der Täter war, und sucht weiter nach dem Mörder. Nach zahlreichen Untersuchungen bezieht der Kommissär eine Tankstelle an der Straße von Chur nach Zürich. Er glaubt, der Täter müsse hier eines Tages vorbeikommen. Als Köder dient Matthäi ein Mädchen in einem roten Röckchen. Und tatsächlich nimmt der Mörder die Witterung auf, doch auf dem Weg, sich sein nächstes Opfer zu holen, findet er bei einem Autounfall selbst den Tod. Matthäi, in seinem Versprechen gefangen, wartet vergeblich an der Tankstelle, Tag um Tag, schließlich zerrüttet vom Alkohol und vom Wahnsinn der Welt.

Das meiste davon geschah also am Sonntag, jenem Tag, da Gott sich von seinen Pflichten frei nimmt und sich nicht um seine Schöpfung kümmert. Allerdings wird man bei der Lektüre dieses Romans von Friedrich Dürrenmatt den Verdacht nicht los, dass Gottes Interesse an den Menschen auch werktags stark nachgelassen hat. Es scheint, als sei er dem ewigen Spiel von Verdammung und Erlösung überdrüssig geworden, als habe der Schöpfer das Feld den Naturgewalten und ihnen das Menschengeschlecht zum Schabernack überlassen. Doch im Gegensatz zu Gott sind die Wolken, die Dürrenmatt ewig über den Zürcher Oberländer Himmel ziehen lässt, der Regen, der auf das tote Gritli Moser niedergeht, den Menschen kein Gegenüber. Niemand wird der Witterung seine Verzweiflung entgegenschreien. Die Jahreszeiten kümmern sich nicht um die Bitterkeit des Daseins. Die Natur kann man in der Not nicht anrufen, weder bittend noch fluchend. Vollkommen absichtslos vernichtet sie die Spuren am Tatort. Und davon handelt *Das Versprechen*: von der Vergeblichkeit jeder Moral angesichts der willkürlichen Natur. Der Einzige und Letzte, der noch eine Stimme von oben zu hören meint, ist Albert, der Kindermörder, und er folgt ihrem Auftrag, kleine Mädchen in roten Röckchen zu töten, geflissentlich.

Vielleicht ist Friedrich Dürrenmatt der letzte Dichter, der das Verschwinden Gottes aus der Sphäre des Menschen beschrieben hat, der letzte jener Pfarrersöhne, die wie Lessing, Jean Paul und Hölderlin die deutsche Literatur geprägt haben wie kaum Sprösslinge anderer Berufe. Dürrenmatt ist ein Moralist, kein Zyniker. Sein Lachen versteckt nur schlecht die Beunruhigung über die Abwesenheit Gottes. Der Berner Dichter traute, wie er einmal meinte, den Menschen alles zu, im Guten wie im Schlechten, und die Entfesselung der Technologie, die erst durch die Aufklärung und die Befreiung von Gottes Gesetzen möglich wurde, hat er mit großer Skepsis betrachtet. Dieser menschlichen Entwicklung zu Wohlstand und existenzieller Heimatlosigkeit hat er seine literarischen Modelle entgegengesetzt.

Es ist faszinierend, zu verfolgen, wie Dürrenmatt in *Das Versprechen* die alte Ordnung quasi durch die Hintertür wieder einführt. Er etabliert einen Demiurgen, einen Weltenschöpfer, in Gestalt eines Schriftstellers. Und so, wie sich in der Bibel die Menschen vom ersten Augenblick gegen die Pläne Gottes stellen, beginnt der Dichter seine Geschichte mit dem Aufbegehren des Geschöpfes gegen seinen Schöpfer. Allerdings heißen die Protagonisten bei Dürrenmatt nicht Gott, Adam oder Kain, sondern Schriftsteller und Figur. H., Kommandant der Zürcher Kantonspolizei, beschwert sich bei einem Verfasser von Kriminalromanen, der gerade in Chur einen Vortrag über deren Dramaturgie gehalten hat, über die Konstruktionen in solchen Romanen, die mit der Wirklichkeit nichts zu tun hätten. Die Schriftsteller würden eine Ordnung behaupten, wo nur Chaos sei, logische Ermittlungen schildern, wo doch in Wahrheit nichts als Willkür und Zufall herrschten. Er kann bei seiner Rede natürlich nicht wissen, wie sehr er gerade vom Schriftsteller vorgeführt wird, dessen Produkt er unzweifelhaft ist. Die Verzweiflung des Kommandanten ist fest in der Dramaturgie des Romans verankert, seine Person funktioniert nach Gesetzen, die alleine der Schriftsteller erlassen hat, und dieser besitzt sogar die Unverfrorenheit, sich an einer Stelle zu seiner Deutungshoheit zu bekennen. Denn natürlich seien dies nicht die Worte des Kommandanten, sondern eben die des Dichters, auch wenn er sich bemüht habe, möglichst genau seiner Erzählung zu folgen. Aber wo es nötig gewesen sei, habe er geordnet und die Arbeit des Schriftstellers getan.

So trifft die Gattungsbezeichnung »Requiem auf den Kriminalroman«, die Dürrenmatt seinem Roman beigefügt hat, tatsächlich zu. Es gibt in *Das Versprechen* keine Figur, die das Geschehen steuert, keinen Kommissar, der die Wahrheit über ein schreckliches Verbrechen enthüllt. Aber sosehr dieser Roman der Abgesang auf ein Genre ist, so deutlich formuliert er den Anspruch der Kunst, den Platz des abwesenden Gottes einzunehmen und der aus den Fugen geratenen Welt die Ordnung der künstlerischen Schöpfung aufzuzwingen.

Metamorphosen

Max Frischs früher Roman »Die Schwierigen«

Wovon handelt der Roman *Die Schwierigen* von Max Frisch? Darf man diese Frage überhaupt stellen? (Natürlich darf man – wer könnte es verbieten?) Ist es eine sinnvolle Frage – oder anders: Kann es eine Antwort geben, die dieses Buch erklärt? Und was wäre denn zu klären, und wie? Müsste daraus nicht etwas resultieren, das jenen Broschüren ähnelt, die man jetzt manchmal den Sonntagsblättern beigelegt findet? Nicht nur ein Buch, nicht nur ein Autor, nicht nur sein Werk, nein, auch seine Zeit und der Platz in der Literaturgeschichte werden auf einem guten Dutzend Seiten abgehandelt, und es ist nicht verwunderlich, dass diese Heftchen mit *Anna Karenina* oder dem *Grünen Heinrich* so viel gemein haben wie ein Goldfischglas mit dem Ozean. Darum darf und soll es also nicht gehen. Wir wollen keinen Kontinent auf Schrebergartengröße domestizieren. Und trotzdem: Ein Gespräch über einen Roman sollte möglich sein, und da man doch bestimmt ein wesentliches Gespräch führen will, was also wäre der Inhalt eines wesentliches Dialogs über dieses Buch? Worum müsste er sich drehen?

Wie so oft, müssen wir, um weiterzukommen, zuerst einen Schritt zurückgehen und eine andere Frage formulieren. Vielleicht diese: Gibt es im Roman *Die Schwierigen* etwas, das man wissen kann, ohne dieses Buch gelesen zu haben, und das hier mitzuteilen wäre (zum Beispiel jenen, die keine Zeit finden, das Buch zu lesen, was keine Schande ist übrigens, niemand hat die Zeit, jedes Buch zu lesen). Das scheint eine dumme Frage zu sein, weil die Antwort offensichtlich ist. Selbstverständlich kann man einiges über diesen Roman sagen. Über seine Form zum Beispiel, die einen auktorialen Erzähler kennt, der das Geschehen chronologisch ordnet und dabei oft kommentierend eingreift, ohne jemals freilich sich selbst oder seine Rolle zu thematisieren. Auch zum Inhalt lässt sich manches sagen: Ein junger Mann, Jürg Reinhart mit Namen, der sich eine Zeitlang als Maler versucht, verliebt sich nacheinander in zwei verschiedene Frauen, Yvonne und Hortense. Beide entscheiden sich nach einiger Zeit gegen ihn und für eine bürgerliche Ehe. Jürg Reinhart aber, nachdem er eingesehen hat, dass aus ihm niemals ein rechter Maler werden wird, fügt sich in eine bürgerliche Existenz, verzweifelt daran und bringt sich um. Und wenn man weitergehen möchte, dann könnte man erwähnen, wie der Autor Max Frisch in diesem Roman Teile seiner Biografie verarbeitet hat. Wie sein Protagonist schwankte Frisch mit Anfang dreißig, als er *Die Schwierigen* schrieb, zwischen einem bürgerlichen Leben und einer Existenz als Künstler. Wie Jürg Reinhart verbrannte er eines Tages sein Werk, um nie wieder zur Kunst zurückzukehren – ein Entschluss, den er allerdings, im Gegensatz zu seinem Helden, rückgängig machte, zum Glück für uns Leser.

Diese Angaben sind unzweifelhaft richtig – und trotzdem vermitteln sie ein falsches Bild. Jeder, der das Buch gelesen hat, wird zustimmen. Wie aber kann etwas Richtiges trotzdem falsch sein? Liegt es an der Unvollständigkeit? Müsste man ergänzen? Dem Abriss einige wesentliche Einzelheiten hinzufügen? Vielleicht dass der Roman *Die Schwierigen* auch eine Auseinandersetzung mit der eigenen Herkunft ist? Eine Analyse der Funktion des Suizids als letzte Befreiung von den bürgerlichen Normen? Eine Geschichte des Geschlechterkampfes? Auch das würde zutreffen, und trotzdem kommt man mit diesen Beschreibungen dem Buch nicht bei, und es würde auch nicht helfen, die Liste dieser Einzelheiten zu verlängern, auch nicht, wenn diese Liste schließlich und absurderweise so lang würde wie der Roman selbst.

Also muss man vielleicht noch einmal anders fragen. (Und wir dürfen annehmen, dass wenigstens Max Frisch nichts dagegen hätte, er selbst war ein leidenschaftlicher Frager.) Vielleicht suchen wir nicht nach einer Zusammenfassung. Was uns interessiert, ist so etwas wie ein Kern oder, um ein anderes Wort zu gebrauchen, die Essenz dieses Romans. Was ist das Wesen dieses Buchs, das Wesentliche? Und wenn wir diese Frage auf die eine oder andere Weise beantworten, dann gehen wir stillschweigend davon aus, dass es so etwas wie eine Essenz tatsächlich gibt. Aber ist das der Fall? Bevor wir also das *Was* beantworten können, sollten wir klären, ob es dieses Wesen geben kann, das Seiende dieses Romans, denn das Wort Essenz trägt das lateinische Wort *esse* in sich, und das bedeutet nichts anderes als *Sein*.

Diese Frage können wir mit Bestimmtheit beantworten. Ja, dieser Roman ist wie jeder Roman ein Seiendes. Es besteht aus der Gesamtheit seiner Sätze, diese aus der Gesamtheit der Worte, und diese wieder aus jener der Buchstaben. Es gibt keinen Roman *Die Schwierigen* ohne sämtliche seiner Sätze. Ein Kunstwerk, selbst wenn es ein Fragment ist, ist immer vollständig, und nur vollständig ist es ein Kunstwerk. Also gibt es streng genommen nichts, das man außerhalb seiner Vollständigkeit die Essenz nennen könnte, etwas, worauf sich dieser Roman reduzieren ließe. Wenn wir einen einzigen Satz streichen, oder auch nur ein einziges Wort, können wir, wenn wir es genau nehmen, nicht mehr vom Roman *Die Schwierigen* sprechen. Ein Kunstwerk ist ja nicht etwas, das einen Zweck verfolgt, kein Mittel, um einen Inhalt zu transportieren, so wie ein Schuh dazu da ist, eine Funktion zu erfüllen; von ihm kann man entfernen, was dieser Funktion nicht dient, den Absatz oder die Schnürsenkel. Solange ihm die notwendigen Mittel bleiben, seinen Zweck zu erfüllen, bleibt der Schuh ein Schuh. Ein Roman aber hat keine benennbare Funktion, er ist in einer gewissen Weise selbst eine Funktion, und deshalb lässt sich von keinem seiner Teile sagen, ob es zur Erfüllung dieser Funktion von größerem oder kleinerem Nutzen ist als irgendein anderer.

Das ist vielleicht schlüssig argumentiert, und trotzdem ist es unbefriedigend. Wenn wir das Buch nämlich lesen, ahnen wir sehr wohl etwas von einem Kern, einem Zentrum, um das verschiedene Teile kreisen. Man könnte wohl auf gewisse Teile verzichten und den Roman trotzdem verstehen. Wenn wir jedoch diese Teile benennen müssten, kämen wir in Schwierigkeiten, und jeder Leser würde wohl andere definieren, mehr noch: Wer ein Buch zum wiederholten Mal liest, stößt immer wieder auf Dinge, die ihm vorher nicht aufgefallen sind. Wichtiges wird zur Verzierung, Nebensächliches zum pulsierenden Herzen. Von einem Kern, einer Essenz können wir also nicht sprechen, es gibt viele solcher Kerne, viele Essenzen, das Seiende des Buches ist so mannigfaltig wie seine Leserschaft. Und das wiederum müsste doch eigentlich bedeuten, dass das Wesen dieses Romanes außerhalb seiner selbst liegt, gewissermaßen im Ungesagten, im Evozierten, in den Leerstellen. Und tatsächlich vertreten manche die Ansicht, das wirklich Entscheidende in einem Roman geschehe zwischen den Zeilen, sei das Verschwiegene. Aber das wäre dann auch das Eingeständnis, über diesen Roman nichts Wesentliches sagen zu können. Denn wie soll man ein Gespräch über das Schweigen führen?

Können wir also nichts über diesen Roman sagen und ihn bloß lesen und hinnehmen? Lesen also, ohne zu analysieren, erfahren, ohne zu beurteilen, eine Art Zen in der Kunst der Lektüre? Ein vorstellbarer und ziemlich reizvoller Gedanke. Aber wer ist dazu in der Lage? Und wer hätte ein Interesse an einer solchen Kunst? Ist denn nicht gerade das Reden über Bücher einer der Gründe, warum wir überhaupt lesen – und dabei meine ich ausdrücklich auch das Reden mit sich selbst, das Selbstgespräch? Der argentinische Dichter Jorge Luis Borges war sogar der Ansicht, das Verfassen von Romanen sei unnötig, besser sei es, gleich über Bücher zu schreiben, als würde es sie schon geben, und ein Teil seines phantastischen Werkes besteht aus dem Gespräch über Bücher, die es nie gegeben hat. Was soll also diese ganze Fragerei? Denn wenn wir auch nichts sagen können, was dem Wesen eines Romans entspricht, sprechen wir doch ohne Unterlass darüber. Unsere Bibliotheken sind zu einem guten Teil mit Büchern über Bücher gefüllt. Was soll also diese Sophisterei, wer spaltet hier wessen Haare, und warum?

Ganz einfach: Es sind die Fragen, die dieser Roman stellt, die Fragen, die Max Frisch ein Leben lang nicht losgelassen haben. In jedem seiner Bücher tauchen sie auf, in immer anderen Formen, und manchmal, wenn man meint, er biete eine Antwort an, findet er doch nur wieder die eine, große Frage: Wer bin ich? Was lässt sich mit Sicherheit über mich sagen? Und wer sagt es, oder besser, wer hat ein Interesse daran, gesichertes Wissen über einen Menschen zu besitzen? Der Mensch selbst? Oder die Gesellschaft? Wer bestimmt, was die Identität ist, das Unteilbare, die Essenz? Wer bestimmt, worum es in diesem Roman geht, der Autor oder der Leser? Wer bestimmt, worum es in einem Leben geht, die Gesellschaft – oder der Mensch?

Das sind gewichtige Fragen, zu gewichtig, als dass ein Mensch, ein Schriftsteller allein sie gefunden haben könnte. Es sind die Fragen der Dichtung seit Sophokles, seit *König Ödipus*, mit dem, nebenbei gesagt, der Maler Jürg Reinhart das Schicksal teilt, ein Findelkind zu sein. Es sind die Fragen nach dem Maß der menschlichen Freiheit, unzählige Male gestellt in Romanen, Gedichten, Epen. Was aber Max Frisch uns gezeigt hat, was sein persönlicher Beitrag zu dieser Frage ist: Man braucht in keine Schuld verstrickt zu sein, man braucht nicht einmal eine besondere Biografie, um durch diese Frage sich selbst und andere ins Unglück zu bringen. Es ist auch nicht die Antwort, wie immer sie lautet, wie befreiend oder verbrecherisch sie ausfallen mag, die das wirkliche Problem darstellt. Nein, die Frage selbst ist die Zumutung. Sie ist nicht der Auslöser des Unglücks, sie selbst ist das Unglück.

Wer die Frage nach der eigenen Identität stellt, stellt das Konzept der Identität selbst in Frage. Das Wort Identität bedeutet *unteilbar*, aber jede Frage öffnet einen Spalt. Denn wer ist es, der sie stellt? Wer oder was kann diese Frage stellen, wenn nicht jener Teil meines Bewusstseins, der offenbar nicht zu diesem ungeteilten Teil gehört, der sich Identität nennt? Die Frage selbst teilt das Subjekt in etwas, das ist, und etwas, das sein könnte. Ein ungeteiltes Ich hat keinen Grund, über sich selbst nachzudenken. Und niemand kann die Frage »Wer bin ich?« stellen, ohne in die nächste Frage zu geraten: Warum bin ich nicht anders? Wer oder was zwingt mich, ich zu sein, wer hindert mich, ein anderer zu werden? Bin ich das? Und falls ich es bin, warum nehme ich mir nicht die Freiheit zur Verwandlung meiner selbst, warum muss ich bleiben, wer ich nicht sein will?

Es ist nicht schwer zu erkennen, wie schwerwiegend die Folgen dieser Fragen sind. Sie markieren den Beginn des politischen Denkens überhaupt. Eine Gesellschaft, jedenfalls unsere, die bürgerliche, funktioniert nur, wenn jeder Mensch genau eine unabweisbare, ungeteilte Identität besitzt. Und das gilt ganz besonders für die Schweiz, des Dichters Heimat und Heimat der Figuren in seinem Roman *Die Schwierigen*. Hier besitzen wir nicht wie in anderen Ländern *Personalausweise*, sondern *Identitätskarten*. Nur wer eine solche sein Eigen nennt, hat das Recht, ein geordnetes Leben zu führen, eine Wohnung zu besitzen, Geld zu verdienen, seine bürgerlichen Rechte auszuüben. Nur wer eine Identität besitzt, kann haftbar gemacht werden für seine Taten oder Untaten, und jeden, der sich anmaßt, verschiedene Identitäten anzunehmen, nennen wir einen Betrüger oder Hochstapler und stecken ihn, sobald wir ihn erwischen, ins Gefängnis, so wie es mit Anatol Stiller geschieht, der plötzlich ein anderer sein will als der, der er einmal war. Identität, so man in dieser Gesellschaft leben will, ist nicht verhandelbar.

So weit wie Stiller sind die Figuren im Roman *Die Schwierigen* noch nicht. Sie verleugnen ihre Identität nicht. Sie stellen sie bloß in Frage. Aber deswegen leben sie nicht ungefährdeter, im Gegenteil. Frischs Roman zeigt schonungslos, wie jeder, der auf dieser Frage beharrt, nicht nur seine Identität verliert, sondern sein Leben.

Der Erste, der an dieser Frage zu Grunde geht, ist Hinkelmann, ein Möchtegern-Winkelmann, der in Griechenland längst vergangene Kulturen aus der Erde gräbt. Nachdem Yvonne, seine Frau, ihm mitgeteilt hat, dass es zu Ende sei, dämmert ihm plötzlich: »Augenblicklang, zum erstenmal in seinem Leben, durchblitzte es ihn, dass es auch für ihn, Hinkelmann, ein Misslingen geben könnte ...« Und später, nach der endgültigen Trennung: »Zum erstenmal in seinem Leben, das ein Leben aus Arbeit und Erfolg war, dämmerte ihm ein Abgrund, Grauen eines anderen und traumdunklen Daseins mit verschwimmenden Fratzen, mit tosender Brandung, mit Gewittern aus dem Unberechenbaren ...« Hinkelmann wird mit diesem anderen, das nicht näher beschrieben wird, nicht fertig, er sieht keine Möglichkeit, sich selbst anders zu denken, ein anderer zu werden, sich zu verwandeln. Hinkelmann, seiner Identität beraubt, bleibt schließlich nur der Selbstmord.

Aber Yvonne, nachdem sie das gemeinsame Kind abgetrieben und sich mit dem Maler Jürg Reinhart eingelassen hat, geht es zunächst nicht besser, trotz der vermeintlichen Freiheit: »Yvonne kam es an, als wäre sie in dieser Welt noch niemals jung gewesen; geisterhaft stand ein verpfuschtes, ein gleichgültig verpasstes und auf die Straße geworfenes Dasein hinter ihr ...«

Und damit sind wir wieder bei unserer ersten Frage. Doch diesmal geht es nicht mehr um das Wesentliche eines Romans, sondern eines Lebens. Kann man das sagen? Misst sich ein gelungenes Leben am Erfolg, an den Taten, den messbaren Resultaten, am Wert des Erbes, das wir hinterlassen? Oder verhält es sich nicht so wie mit der Literatur, dass nämlich das Wesentliche zwischen den Zeilen steht, jenseits dessen, was man in einer Biografie darstellen kann? Sind die Momente des Glücks nicht jene, in denen wir die Taten und uns selbst vergessen und gegenwärtig werden, sind nicht die Momente, in denen wir ganz im Moment sind, die wahrhaft glücklichen?

Wer dies vertritt, stellt sich in Feindschaft zur bürgerlichen Gesellschaft und der ihr beiwohnenden Marktwirtschaft. Die Gegenwart ist dieser Gesellschaft nichts, alles ist ihr die Zukunft. Das Kapital bringt Zins durch Zeit, der Erfolg misst sich am Wachstum. In der bürgerlichen Gesellschaft ist alles in zeitlicher Entwicklung, alles in einem Fortschritt begriffen. Gleichzeitig darf sich nichts und niemand verwandeln. Das Glück ist definiert. Die Verhältnisse sind definiert, jene zwischen Mann und

Frau genauso wie jene zwischen Hauswirt, dem Unternehmer und seinen achthundert Angestellten.

Weil alles für ihn in der Zukunft liegt, und weil diese alles andere als gewiss ist, fühlt sich der Bürger beständig in seinem Sein bedroht. Deshalb kämpft er um die Sicherheit seiner Verhältnisse. Ja, Sicherheit ist der bürgerliche Wert an sich. Der Bürger braucht Insignien, er braucht die Ehe, er braucht Besitz, einen Beruf, er braucht Wissen, er braucht Kultur, man weiß, »was man seiner kulturellen Bildung schuldig ist«, wie es bei Frisch heißt. Er braucht diese unwandelbaren Werte, die Stabilität der Verhältnisse, und natürlich macht er sich damit angreifbar, denn er weiß, dass nichts bleibt, wie es war.

Im Gegensatz zum Bürger ist der Adlige, was er ist durch seine Geburt, fern aller Umstände. Für ihn sind Geldprobleme vielleicht lästig, aber sie greifen höchstens seinen Lebensstil an, nicht seine Identität. Wenn der Bürger verarmt und seinen Lebensstil verliert, hört er auf, ein Bürger zu sein. Der Bürger lebt ständig in der Gefahr, mit seiner Umwelt zu verschmelzen, und deshalb ist er darauf erpicht, dass diese Umgebung seinem Status entspricht. Im ersten bürgerlichen Trauerspiel deutscher Sprache, Lessings *Miss Sara Sampson* von 1755, wird dieses Problem paradigmatisch und in der allerersten Replik aufgezeigt. Saras Vater, der alte Sampson, spricht: »Meine Tochter? Hier in diesem Gasthaus?« Sara, die Bürgerstochter, in einer lausigen Kaschemme gestrandet, wird selbst Teil dieser Kaschemme, sie ist verloren und das Drama endet mit ihrem Tod.

Diese Angst vor der Berührung mit einer gefahrvollen Wirklichkeit prägt auch den (bürgerlichen) Roman *Die*

Schwierigen. Max Frisch schrieb diesen, seinen dritten Roman, mitten im Zweiten Weltkrieg, aber man muss schon sehr genau lesen, um festzustellen, dass auch die Handlung im Krieg spielt. Es gibt nur zwei Hinweise auf die Krisen der Zeit. Als Jürg und Yvonne im Tessin das kurze Glück einer wilden Ehe leben, heißt es lapidar: »Sonst ereignete sich eigentlich wenig, scheinbar überhaupt nichts – in der Welt ja wohl! doch davon war man hier droben wie abgeschnitten – ...« Und etwas später, an einem anderen Ort, im Sommerhaus der Familie von Hortense: »Es war an einem sommerlichen Sonntag, als man nach dem üblichen Kirchgang und dem anschließenden Mittagessen, über ferne Kriege sprechend, gemütlich beim schwarzen Kaffee saß ...« Welcher Krieg es ist, darüber erzählt der Roman nichts, und man kann nur aus dem Hinweis, dass Yvonne einmal ein Konzert des Cellisten Pablo Casals besucht, schließen, dass es wohl der Zweite Weltkrieg sein muss, denn Casals trat vor 1931 nicht in Zürich auf.

Sicherheit ist alles, und natürlich führt das zu Erstickungsanfällen. Die Menschen leben nicht, sie tun nur so. Sie sind Schauspieler ihrer selbst, und der Künstler, der doch ständig nach Wahrhaftigkeit sucht, muss mit diesen Akteuren in Konflikt geraten. Es gibt in *Die Schwierigen* eine schöne Stelle, wo Jürg Reinhart als Künstler scheitert. Als er nämlich Ammann porträtieren soll, der später als Mann seiner Hortense das Haus der Ehe, und für Yvonne und Hauswirt als Architekt ein wirkliches Haus bauen wird. Er, Reinhart, könne Ammann nicht malen, wenn dieser nur so tue, als lese er ein Buch, anstatt es wirklich zu lesen. Alles an ihm sei Pose, um Haltung bemüht. Ammann entgegnet konsterniert und auf eine seltsame Weise unschuldig, dass er doch immer so sei.

Warum beschäftigt die Menschen diese Frage? Weil sie Bürger sind. Es ist eine zutiefst bürgerliche Frage. Die Frage, die man jedem Kind stellt: *Was willst du einmal werden?* Es interessiert nicht, was man ist, sondern was man sein wird, eines Tages, am Ende der Anstrengung, welches Ziel man verfolgt. Deshalb ist Yvonne fasziniert und auch irritiert, als Reinhart sie ganz zu Beginn des Romans fragt, was sie denn sei? Der Bürger *ist* nie, er soll immerzu werden, sich entwickeln. Allerdings nicht etwa ins Offene, die Entwicklung des Bürgers ist teleologisch, das heißt, sie trägt in sich den Kern ihrer Bestimmung, den Kern der Vollendung, und deshalb ist alles, was den Bürger abbringt vom Weg zu seiner Vervollkommnung, nicht bloß ein Laster, sondern eigentlich ein Verrat am Plan, der in ihm angelegt ist. Aber wie will man mit dieser Vorgabe ein Leben führen? Wenn man sich ständig entwickeln soll und gleichzeitig jede Möglichkeit zur freien Entfaltung genommen ist? Die Gegenwart zählt ja nicht. Die Zukunft ist alles, aber welche Gegenwart wird man in dieser Zukunft haben? Es gibt für den Bürger gewissermaßen keine Verwandlung, es gibt nur Entwicklung, und das ist ein fundamentaler Unterschied. Bevor die Figuren diesen Unterschied nicht begriffen haben, können sie nicht glücklich werden, und wer es ablehnt, der wird ausgestoßen und kommt um.

Das Gegenstück zur Sicherheit ist die Freiheit, und es ist die Tragik dieser Figuren, in bestimmten Momenten eine riesige Sehnsucht nach ihr zu verspüren, aber nicht die kleinste Vorstellung zu haben, wie diese Freiheit aussehen könnte. Oder möglicherweise sind sie auch nur zu schwach, um die Folgen der Freiheit ertragen zu können. Ein besonders perfides Beispiel dafür ist Yvonnes Ekel vor Hauswirt, ihrem Arbeitgeber. »Sie träumt es, was Hauswirt von ihr will, wenn er hinter ihrem Rücken stehen bleibt, und sie erwacht mit dem Ausdruck des Ekels. Manchmal möchte sie ihren Körper unter den Gasherd legen.« Und wie befreit sich Yvonne von diesem Mann, der ihr so zuwider ist, dass ihr Selbstmordgedanken kommen? Sie heiratet ihn. Sie hat begriffen, dass nur ein freier Mensch in der Unsicherheit der Verhältnisse leben muss. Und so tauscht sie die Zumutung der Freiheit mit der Integrität der Sicherheit. Von ihrer Ehe mit Hauswirt heißt es nämlich später: »Man wohnt zusammen, man verträgt sich, und der Mann, der das Geld verdient, setzt sich in den andern Lehnsessel, raucht, schiebt ein Scheit ins Kamin, man plaudert oder hört die Nachrichten, manchmal geht es sogar darüber hinaus, man regt sich an. [...] Man tappt sich nicht mehr in den Raum, den jeder Mensch als sein Geheimnis, sein Eigentliches anzunehmen lernt, als das, was niemals mitzuteilen ist.« Die Vermeidung der Berührung, die Erfahrungsvermeidung als Ziel der bürgerlichen Lebensführung. Wer in Ruhe gelassen werden will, hat sich in das Gefängnis zu begeben. Nur gemeinsam sind Mann und Frau allein.

Aber es gibt in diesem Buch jemanden, der ganz ungeschützt existiert. Der jede Metamorphose annimmt als eine Feier der Lebendigkeit. Der in jeden Augenblick versinkt, als sei es der erste und der letzte, trunken von Schönheit, diesem Monster, das nicht nach der Moral fragt, nicht danach, ob etwas gut ist oder böse, ob es hilft oder schadet. Aber es ist kein Mensch, es ist die Natur, die sich feiert, in einer manchmal geradezu expressionistischen Übersteigerung. Man wird den Eindruck nicht los, Max Frisch erzähle eine Geschichte, nur um die Größe der Natur beschreiben zu können. Jeder Spaziergang im Wald wird zu einer Meditation über die rauschenden Tannen, jede Begegnung unter freiem Himmel preist das Wolkenspiel über den Köpfen. Sogar eine simple Stadtbeschreibung gerät ihm zur Feier der Natur: »April in den Städten, in den öffentlichen Alleen mit braunen Lachen unter dem laublosen Gezweig ihrer alten Platanen ...« Und wenn er das Haus beschreibt, das Ammann, der Architekt, erbaut: »Weniges nur, was Ammann sich denken konnte, dünkte ihn schöner als ein werdendes Haus, eine Stunde auf rohem Gebälk, Sonne und Wind und ziehende Wolken zwischen den Böden, noch wohnt alle Weite darin!« Noch ist es kein Gefängnis, aber bald schon werden sich die Türen schließen, und Yvonne wird hinter den Mauern verschwinden, nicht einmal der Name wird ihr bleiben. Leider erleben die Menschen die Natur als etwas, das außerhalb ihrer selbst existiert, der Roman beschreibt sie nicht als Teil dieses ewigen Umgestaltens. Wenn sie teilhaben könnten an dieser beständigen Metamorphose, dann hätten sie vielleicht einen Begriff des Moments, dann müssten sie ihr Glück nicht aufschieben in eine unbeherrschbare Zukunft. Aber diese Möglichkeit ist keine Verheißung, sondern eine Bedrohung.

Am Abend, bevor Jürg Reinhart von Hortenses Vater empfangen wird, der ihm bei dieser Gelegenheit offenbart, wer seine, Reinharts, wirklichen Eltern sind, irrt er durch die Wälder, beschmutzt sich und seine Kleider, macht sich untauglich für die Reinlichkeit des Salons. Frischs Beschreibung steigert sich hier in eine Geisterbeschwörung, man hat manchmal das Gefühl, man lese eine Prosa-Übersetzung der Gedichte Georg Trakls oder der Droste-Hülshoff. »Vor einem murmelnden Bach, umgeben von tuschigen Büschen und silbernem Geriesel der Erlen, überlegte er sich, ob er seine Schuhe nicht waschen könnte.« Es ist kein Wunder, sieht Reinhart dann tatsächlich Gespenster: »Tannen standen wie Klumpen von Schwärze, dazwischen ein wirres Gefilter von Mondlicht; unter dem schütteren Laubschirm einer jungen Buche hat sich deutlich etwas Helles bewegt.« Es ist ein Liebespaar, dessen Spiel Reinhart gestört hat. »Wie unter Zwang sah er hin, atemlos auf das Paar, das sich bewegte, irgendein Paar in verschlungenem Taumel der Zeugung ...« Und es ist auch kein Wunder, dass dies der endgültige Beginn seines Niedergangs ist. Reinhart wird nicht leben können mit der Erkenntnis, andere Eltern zu haben als die, die er für seine hielt. Er sucht seinen wirklichen Vater, der Metzger ist, gerät dabei in eine groteske Schlachterei, Blut fließt, er wird versuchen, diesen Vater zu erschießen, aber dummerweise hat er sein Pulver schon für Krähen verschossen. Ins Gefängnis muss er trotzdem. Geläutert schmiegt er sich in eine kleinbürgerliche Existenz als Gärtner und entwirft dabei eine Theorie, wie er trotz seiner Existenz als Paria der Gesellschaft dienlich sein kann. Durch Selbstauslöschung nämlich. Und Hortense, die er nach Jahren wieder trifft, steht fassungslos vor einem Mann, der sich eine Rechtfertigung gezimmert hat, deren Kern das spurlose Verschwinden aus der Geschichte ist. Und der dem Sinn des Lebens auf eine besonders bizarre Weise dienen will: »Unsereiner dient ihm, indem er keine Halblinge in diese Welt setzt, das Halbe nicht vermehrt; indem er sich selber wegnimmt, sobald er mit sich selbst im Reinen ist. Das ist sein Beitrag, sein Adelsdienst, seine Sendung ...« Nun ist der Krieg also doch noch gekommen, jedenfalls das totalitäre Denken, das diesen Krieg über die Welt gebracht hat. Es ist auch ein Denken der vollkommenen Interpretation. Der Bewertung des Lebens in Nützliches und Wertloses. Ein Denken, das ein Leben daran misst, was es zu leisten vermag, und nichts anderes gelten lässt als die Verwertbarkeit der menschlichen Existenz. Es ist die Pointe dieses Buchs, dass Reinhart nichts von diesem Halbling weiß, den er bereits in die Welt gesetzt hat, ein Knabe, der an Sohnes statt von Hauswirt angenommen wird, mit Yvonne als Mutter.

Das Leben lässt sich nicht kontrollieren, und wer es am meisten versucht, der wird am tiefsten fallen. Eine Erkenntnis, die Homo faber im selben Jahr zu spüren bekommt, in dem Frisch *Die Schwierigen* neu herausgibt. Wir können über unser Leben nicht sagen, was das Wesentliche ist, im Gegenteil, über das Wesentliche gehen wir hinweg, weil wir uns erzählen müssen, weil in dem, was wir als unsere Identität begreifen, nur das Erzählbare einen Platz findet. Alles andere aber bleibt außen vor, und nur die Sehnsucht ist intakt, frei zu bleiben, sich verändern zu können, ohne Ziel, nur um der Veränderung, des Augenblicks willen, eine Sehnsucht, die am Anfang der Kunst steht, und auch am Anfang des Romans *Die Schwierigen* von Max Frisch.

Der Ort der Dichtung

Zu Heinrich von Kleist

Es ist so eine Sache mit den Dichtern und der Dichtung. Man scheint sie zu brauchen, aber man weiß nicht, wozu. Die einen suchen in der Literatur Zerstreuung von den Zumutungen des Alltags, die anderen Kritik an den Verhältnissen. Das wäre nicht weiter beunruhigend, weil es schließlich verschiedene Bedürfnisse gibt, die verschieden befriedigt werden wollen. Aber für den Staat liegt die Sache anders. Er mag keine ungeklärten Verhältnisse. Er will die Beziehung zu den Berufen regulieren, erteilt Zulassungen, verteilt Diplome und erlässt Vorschriften. Ein Metzger muss die Tierschutzbestimmungen und die Hygienevorschriften kennen, und ein Arzt braucht die Approbation, damit er seinen Beruf ausüben darf.

Voraussetzung dafür ist, dass es ein Einverständnis über den Nutzen eines bestimmten Gewerbes gibt, und für die allermeisten Tätigkeiten gibt es diese Übereinkunft. Nicht aber für den Fall der Dichter. Sie leben zwischen den Verhältnissen, gerade auch zwischen den wirtschaftlichen.

Einen Teil ihres Einkommens verdienen sie als freie Gewerbetreibende, indem sie auf dem Markt ihre Ware, das Buch, verkaufen. Daneben treten sie als Schauspieler ihrer selbst vors Publikum, und für ihre Lesungen erhalten sie eine Gage. Der Staat überreicht ihnen bisweilen Stipendien oder Preise, aber das sind außerordentliche Situationen. Ordentliche kennt der Staat im Falle der Dichter nicht.

Um den Dichtern einen Platz zuweisen zu können, müsste man zuerst klären, welchen Nutzen sie dieser Gesellschaft bringen. Falls es diesen Nutzen überhaupt gibt. Der griechische Philosoph Platon wollte die Dichter aus dem Staat verbannen, weil ihre Werke, so schreibt er in seiner *Politeia*, Empfindungen auslösen, die für das Gemeinwesen schädlich seien. Sie kräftigten mit ihren Werken den niedrigen Teil der Seele und verübten den vernünftigen. Und Platon hat auch gleich die Beweislast umgedreht und sardonisch gemeint, wenn die Poeten den Nachweis erbringen könnten, warum sie einem Staate nützlich seien, könne man sie unter Freuden wieder aufnehmen. Ein verführerisches Angebot – ein Dichter sollte sich trotzdem gut überlegen, ob er es annehmen will.

Denn sobald er versucht, seinen Werken eine Funktion einzuschreiben, und ihnen und sich selbst damit einen Ort im Sinne einer gesellschaftlichen Position zuweist – sei es als unbeschwerter Unterhalter oder streitsüchtiger Kritiker –, beschädigt er seine Dichtung. Die übliche Professionalität kann er sich nicht leisten. Von einem Zahnarzt erwarten wir, dass er den faulen Zahn flickt wie hundert Mal zuvor. Und wenn er sich an unserem Gebiss zu schaffen macht mit den Worten, heute wolle er einmal etwas Neues ausprobieren, worin er keinerlei Erfahrung habe, dann werden wir uns sehr schnell einen weniger experimentierfreudigen Kollegen suchen. Was uns beim Zahnarzt in Schrecken, bei einem Handwerker ins Misstrauen versetzt, das erwarten wir von den Dichtern. Wenn man von einem Werk sagt, es sei solide, gut ausgeführt und genau das, was man von diesem Dichter erwartet habe, dann wird er dies schwerlich als Lob auffassen. Er soll mit jedem neuen Werk unbekanntes Gelände erkunden.

Das ist derselbe Anspruch, wie man ihn auch an die Wissenschaft stellt. Neue Erkenntnis, nicht die Bestätigung des bereits bekannten. Der Dichter als Forscher also – und das wäre vielleicht ein Ort für ihn. Aber an den Universitäten findet man selten Poeten. Sie müssten doch, da sie den Bereich des Erfahrbaren erweitern, ihre eigene Fakultät haben. Zwar trifft man an den Unis auf Philologen, die sich mit den Werken der Dichter beschäftigen, es erschließen, kommentieren, aber die Dichter selbst findet man dort nicht. Offenbar kennt man die Funktion der Ornithologen, aber man weiß nicht, was man mit den Vögeln anfangen soll.

Tatsächlich unterscheidet sich der Dichter vom Wissenschaftler, weil die Literatur, die Kunst überhaupt, keinen Fortschritt kennt. James Joyce hat Charles Dickens nicht widerlegt, und gewisse Werke behalten ihre Gültigkeit, auch wenn die Welt, auf die sie sich beziehen, sich vollständig verändert hat. Wir lesen Homer, obwohl wir nicht mehr zu Pferd in die Schlacht ziehen. Und so ist die Dichtung auch bei den Wissenschaften höchstens gelitten, nicht aufgehoben, und der Dichter steht immer noch da, ohne Ort, und etwas Verlässliches über die Funktion, den Nutzen seiner Werke haben wir nicht gefunden.

Es gibt einen Dichter, in dessen Leben und Werk sich diese Fragen so gedrängt finden, dass man glauben könnte, es sei als Beispiel zur Veranschaulichung erfunden worden. Heinrich von Kleist hat sein Leben lang nach einem Ort gesucht, für sich selbst und für seine Dichtung.

Er wurde 1777 in Frankfurt an der Oder geboren. Sein Vater, ein Offizier, starb, als der Junge neun Jahre alt war. Heinrich wurde in ein evangelisches Pensionat gegeben und trat mit vierzehn Jahren, der Familientradition gemäß, in das Garderegiment des Königs von Preußen ein. Mit fünfzehn stand er im Krieg, nahm am Rheinfeldzug teil, am Kampf gegen die französischen Truppen. Mit zwanzig beförderte man ihn zum Sekonde-Lieutenant. Es lag alles bereit für eine Karriere als Offizier. Aber dann tat Kleist etwas Unerhörtes: Er nahm seinen Abschied, wie es so schön heißt, verließ die gesicherten Zusammenhänge. Er hätte Beamter werden können, Wissenschaftler oder Lehrer, er aber kündigte seinen Vertrag mit der Gesellschaft und führte ein Leben jenseits der Konventionen. Er reiste durch Europa, hielt sich in Dresden, in Paris und in der Schweiz auf, immer nur ein paar Monate, bevor er sich selbst wieder vertrieb. Und er schrieb. Zuerst Briefe, in denen er nach und nach eine Existenz entwickelte, die, je länger, je mehr, nicht mehr in der Wirklichkeit ihren eigentlichen Ort fand, sondern in der Dichtung selbst, mit einer Konsequenz, dass darüber sein Dasein in der Welt immer mehr in den Hintergrund rückte.

Zu Beginn glaubte Kleist, in der Wissenschaft ein Zuhause zu finden. In einem Brief, den er mit dreiundzwanzig Jahren seiner Verlobten Wilhelmine von Zenge schrieb, nannte er Newton, Galilei und Pilâtre als Vorbilder. Sie hätten nicht aus der Lektüre, sondern aus der Anschauung der Natur ihre Erkenntnisse gewonnen.

Und so wolle er es auch halten. So sei er »am wichtigsten Tag seines Lebens« in Würzburg durch das Stadttor gegangen. »Warum, dachte ich, stürzt das Gewölbe nicht ein, da es doch keine Stütze hat? Es steht, antwortete ich, weil alle Steine auf einmal einstürzen wollen ...« So wolle er es mit seinem Leben halten. Stehen, weil alles in ihm zu Boden stürze. Kleist versteht sich da noch als Forscher, aber als einer, der die gewonnenen Erkenntnisse aus Physik und Chemie in seinem Leben anwenden will. Das musste schiefgehen. In Paris, wohin er reiste, um die Wissenschaften zu studieren, wandte er sich endgültig von ihnen ab. Newton, den er einige Monate zuvor noch bewunderte, verhöhnte er nun. Bestimmt, so Kleist, habe er an dem Busen eines Mädchens nichts als seine krumme Linie gesehen, und an ihrem Herzen nichts Merkwürdigeres als den Kubikinhalt gefunden. »Ach, mich ekelt vor dieser Einseitigkeit!« Der Anfang und das Ende jeder Wissenschaft seien in Dunkel gehüllt, und er, Kleist, machte sich daran, in dieses Dunkel zu steigen.

Kleist verließ Paris und reiste in die Schweiz. Am Thunersee unternahm er einen letzten Versuch, sich in eine Existenz zu schicken, ein Dasein als Bauer und Dichter zu führen.

Ein schlechterer Zeitpunkt, sich im Berner Oberland niederzulassen, lässt sich in der Menschheitsgeschichte schwerlich finden. Nicht, weil der Tourismus noch kaum entwickelt war. Zwar wusste man in Europa von der außerordentlichen Schönheit des Thunersees, aber die Infrastruktur war kaum entwickelt, die Straße nach Interlaken ein ungepflasterter Säumerweg, so etwas wie ein touristisches Angebot nicht vorhanden, aber das kümmerte Kleist nicht, er suchte nicht das Landleben eines Adeligen. Kleist war zu früh, wie so oft, erst zehn, zwanzig Jahre später entwickelte sich die Thuner Riviera, wurde das Oberland zum unverzichtbaren Teil einer jeden Schweizer Reise. Das Schloss Schadau, die Chartreuse und das Hotel Bellevue wurden alle erst eine Generation nach Kleists Aufenthalt in Thun gebaut.

Dass Thun in jener Zeit alles andere als mondän war, kümmerte Kleist nicht, im Gegenteil. Seine Schwierigkeiten waren politischer Natur. Nur vier Jahre zuvor war in der Eidgenossenschaft die alte Ordnung zusammengebrochen, die jahrhundertelang die Ereignisse bestimmte hatte. Die gnädigen Herren waren aus Bern vertrieben, Franzosen besetzten das Land. Auf den Marktplätzen wurden Freiheitsbäume gepflanzt, die Menschen sprachen sich mit Bürger an, über den Dächern wehte die Trikolore der Helvetischen Republik in den Farben Grün-Gelb-Rot, so, wie wir sie heute von Ghana, Kamerun und Jamaica kennen. Das Territorium Berns wurde arg gestutzt. Die Waadt und der Aargau waren verloren, und es gab nun sogar einen Kanton Berner Oberland mit der Hauptstadt Thun. Allerdings waren die Verhältnisse unruhig. Die Patrioten, wie die Anhänger der alten Ordnung genannt wurden, hassten die Unitarier aufs Blut und hegten Revanchegelüste. Agitation allenthalben. Bürgerkrieg lag in der Luft, und vorerst verhinderten nur die französischen Truppen, dass die Parteien aneinandergerieten. Doch es war nicht Friedensliebe, was Napoleon zögern ließ. Er wartete nur auf den richtigen Zeitpunkt, um die Streithähne sich selbst zu überlassen, und nach seinem Rückzug im Herbst 1802 dauerte es nur ein paar Tage, bis der Bürgerkrieg ausbrach und der einzige Zentralstaat, der je auf Schweizer Boden existierte, die Helvetische Republik, ein für alle Mal das Zeitliche segnete und der Mediation Platz machte.

Ein Land am Vorabend des Bürgerkriegs also, im Jahre vier nach einer Neuordnung, unter einer Besatzungsarmee, nach einem Elitenbruch, das scheint für jede Unternehmung eine schlechte Adresse zu sein. Was wollte Kleist in einer solchen Gegend? Hatte er als Veteran der napoleonischen Kriege Sehnsucht nach dem Geruch von Pulverdampf? Ganz im Gegenteil. Er habe, so schreibt er an seine Halbschwester Ulrike im Januar 1802 aus Bern, den Wunsch, ein Feld mit eignen Händen zu bebauen. »Ich bin so sichtbar dazu geboren, ein dunkles, unscheinbares Leben zu führen, dass mich schon die zehn oder zwölf Augen ängstigen, die auf mich schauen.« So sucht er also ein Stück Land, und da er notorisch klamm ist, verfällt er auf das unruhige Oberland, wo man Boden günstig haben kann.

Im letzten Augenblick, kurz bevor er einen Kaufvertrag für ein Grundstück im Gwatt unterzeichnet, dämmert ihm, dass es vielleicht keine gute Idee, kein guter Zeitpunkt ist. Er lässt das Vorhaben fallen, bezieht das berühmte Inseli in der Aare, zur Miete.

Man findet dieses Muster nicht nur einmal. Kleist hat eine Vorstellung seiner selbst, dazu eine verrückte Idee, wie diese umzusetzen sei, und kurz bevor er in die totale Katastrophe rennt, erlebt er einen Einbruch von Realitätssinn.

Thun steht für einen Scheideweg in seinem Leben. Noch einmal versucht er, etwas aufzubauen. Er ist jetzt fünfundzwanzig, und er ist seit elf Jahren beinahe ohne

Pause durch Europa gerannt, hat mit seinem fiebrigen Bewusstsein alles aufgesogen, mit seinem überwachen Geist, seinen empfindlichen Sinnen. Man wird bei der Lektüre seiner Texte das Gefühl einer Beschädigung nicht los. Kleist hat nie über seine Kriegserfahrungen als Kind geschrieben. Jedenfalls nicht direkt. Indirekt kommt der Krieg in beinahe allen seinen Stücken vor, oft in einer seltsam verwandelten Form. Die Soldaten etwa im *Prinz Friedrich von Homburg* benehmen sich nicht wie Soldaten. Sie sind, wie der Prinz, nicht Strategen, sondern Schlafwandler. Und wenn sie die Taktik für die nächste Schlacht besprechen, wähnt man sich auf einem lauschigen Gartenfest. Und dabei wusste Kleist ganz genau, wie sich das Soldatenleben anfühlt.

Er hat als Vierzehnjähriger die Belagerung von Mainz und die anschließende Entsatzung erlebt, ein Schauspiel, das von allen, die dabei gewesen sind, als Schlachterei beschrieben wird. In der Stadt und den umliegenden Feldern lagen siebentausend Tote, und das Feuerwerk der Kanonade, mit der die Preußen die Stadt eindeckten und in weiten Teilen zerstörten, beschreiben die Zeugen mit einer Mischung aus Faszination und Abscheu. Und was beschreibt Kleist? Hat ihn dieses Massaker unberührt gelassen? Nein, auch für ihn waren die Tage der Schlacht um Mainz ein Erlebnis, das ihm unauslöschlich im Gedächtnis geblieben ist. Aber er beschreibt nicht das Elend, das Leiden, ganz im Gegenteil. Kleist beschreibt die Schönheit, die Schönheit der Natur. In einem Brief an Adolfine von Werdeck, geschrieben in Paris, im Juli 1801, heißt es: »Mit welchen Empfindungen ich Mainz wiedererblickte, das ich schon als Knabe einmal sah – wie ließe sich das beschreiben? Das war damals die üppigste Sekunde in der Minute meines Lebens! Sechzehn Jahre, der Frühling, die Rheinhöhen, der erste Freund, den ich soeben gefunden hatte, und ein Lehrer wie Wieland, dessen *Sympathien* ich damals las – War die Anlage nicht günstig, einen großen Eindruck auf mich zu begründen?« Nichts von den Schrecken des Krieges, nichts von den siebentausend Toten, den Verwundeten, dem Grauen des Marschierens in der Linienformation, dem gegnerischen Feuer schutzlos ausgeliefert. Dafür Natur und Kunstbeschreibungen.

Es gibt hier eine auffällige biografische Parallele zu Ernst Jünger, der als junger Offizier in den Schützengräben des Ersten Weltkrieges seine Jugend verbrachte und sein Fronterlebnis in den Aufzeichnungen *In Stahlgewittern* verarbeitete. Auch Jünger schreibt über die Natur, die Schönheit der Getreidefelder, die hinter der Front liegen und von den Bauern zurückgelassen werden mussten. Und die berüchtigte Szene aus den Tagebüchern, als er während der deutschen Besetzung von Paris auf einer Terrasse steht, Burgunder mit Erdbeeren trinkt und sich über das Spektakel im Nachthimmel freut, die Bombardierung der Stadt Paris, erinnert in ihrer Ignoranz des Leidens auffällig an Kleist: »Beim zweiten Mal, bei Sonnenuntergang, hielt ich ein Glas Burgunder, in dem Erdbeeren schwammen, in der Hand. Die Stadt mit ihren roten Kuppeln und Türmen lag in gewaltiger Schönheit, gleich einem Kelche, der zu tödlicher Befruchtung überflogen wird. Alles war Schauspiel, war reine, vom Schmerz bejahte und überhöhte Macht.«

Von Ernst Jünger meinte der deutsche Dramatiker Heiner Müller, sein Problem sei gewesen, dass zu einem

Zeitpunkt, da ein junger Mann normalerweise das ande-re Geschlecht entdeckt, der Krieg in sein Leben getre-ten und den Platz der Sexualität eingenommen habe. Auch Kleists Beziehung zu Frauen war problematisch, die Briefe, die er an Wilhelmine von Zenge schrieb, ge-hören zu den absonderlichsten Liebesbriefen der Lite-raturgeschichte. Die Frau taucht in ihnen nicht als le-bendiges Wesen auf, nicht als Person mit eigenen Wünschen, Sehnsüchten, mit einem Leben, sondern als Gegenstand, als Figur, die Kleist formen will, die er mit seinen Ansichten von der Welt und der Beziehung zwi-schen Mann und Frau geradezu abfüllt. Kleist manipu-liert, tadelt, er behandelt die junge Frau, als sei sie sein Eigentum, als sei er der Besatzer und sie die Besetzte. Nur eine von vielen Stellen, vom September 1800: »Ja, Wilhelmine, wenn Du mir könntest die Freude machen, immer fortzuschreiten in deiner Bildung mit Geist und Herz, wenn du es mir gelingen lassen könntest, mir an dir eine Gattin zu formen, wie ich sie für mich, eine Mutter, wie ich sie für meine Kinder wünsche [...] Also wage dich nie mit deinem Verstande über die Grenzen deines Lebens hinaus. [...] Kümmre Dich nicht um Deine Bestimmung nach dem Tode, weil du darüber leicht deine Bestimmung auf dieser Erde vernachlässi-gen könntest.« Und was ihre Bestimmung ist, hat Kleist eben klargemacht: Das Wachs zu sein, das durch seine Hände geformt wird.

Wenn man weiter bedenkt, wie früh er Vater und Mutter verlor und das Elternhaus durch eine Kaserne ersetzt sah, dann wird man das Gefühl nicht los, dass da ein Traumatisierter durch den Kontinent und durch sein Leben irrt, ein ehemaliger Kindersoldat, der eine verlässliche Bindung sucht, mit sich, mit der Welt – und sie nirgends findet.

Auch nicht in Thun, wo er den letzten ernsthaften Versuch unternimmt, bevor er als Irrlicht nach Weimar taumelte, um dort, in der literarischen Hauptstadt Europas, wo Goethe und der alte Tieck residierten, herumzuhängen, ohne Geld, ohne Ziel, einzig mit einer Idee zu einem Stück im Kopf. *Robert Guiskard*, mit dem er kämpft, das er in keine Form bringt, bis er das Manuskript schließlich, wieder in Paris, ein paar Monate später verbrennt und alle Hoffnungen auf ein Dichterleben aufgibt. Kleist will sterben, und zwar in der Schlacht, heuert bei den Landungstruppen der napoleonischen Truppen an, die im Begriffe stehen, England zu erobern. Er wollte sich für seine ehemaligen Erzfeinde opfern, aber im letzten Augenblick sagt der Kaiser der Franzosen das Vorhaben ab. Kleist erleidet einen Zusammenbruch, von dem er sich nie wieder erholt. Von da an lebt er als Gebrochener, aber, und das ist wieder eines der großen Rätsel, vor die uns dieser Dichter stellt: Erst als Gebrochener gelingen ihm die großen Texte. *Das Käthchen von Heilbronn*, *Amphitryon*, *Penthesilea*, *Der zerbrochne Krug*, *Michael Kohlhaas* und *Das Erdbeben in Chili*, Texte, die zu den eindringlichsten, faszinierendsten, unverständlichsten, verstörendsten gehören, die in deutscher Sprache geschrieben worden sind. Es ist, als habe er den Nachbrenner gezündet, in den restlichen sieben Jahren verbraucht, was an Lebenskraft noch da war, bevor er am Wannsee seiner Gefährtin Henriette Vogel eine Kugel in die Brust und sich selbst eine in den Kopf jagte, am 21. November 1811.

Ich habe von allem dem, von Kleist, seiner Dichtung, seiner Zeit in Thun, erst später erfahren, als ich schon längst nicht mehr in meiner Heimatstadt lebte. In der Schule hatte ich nie von ihm gehört. Die einzige Spur zu Kleist war jenes Messingschild an einem Haus jenseits des »Sinnebrügglis«, das auf Marquard Wocher hinwies, der von diesem Dach sein Panorama Thuns gemalt habe, »so, wie Goethe und Kleist sie gesehen«. Aber ich fragte mich nicht, wer die beiden Herren gewesen sein könnten. Ich fragte mich, warum in diesem Satz das Hilfsverb fehlte. Kleist war für mich kein Begriff, und ich habe ihn nicht vermisst. Ich kann mir nicht vorstellen, was ich mit seiner Dichtung hätte anfangen mögen. Man kann über Kleist vieles sagen, aber Kinder- oder Jugendliteratur hat er nicht geschrieben. Seine Stücke bedürfen einer Kontemplation, einer Versenkung in die Sprache, das heißt, man muss stillsitzen, lange, sehr lange stillsitzen, um in den Genuss zu kommen, eine der Kleist'schen Wendungen zu erleben. Ich weiß nicht, ob man eine pädagogische Notwendigkeit finden kann, Jugendliche zu dieser Meditation zu zwingen.

Dazu kommt, dass es für seine Sprache kein Vorbild gibt. Niemand hat man jemals so sprechen hören wie die Figuren Kleists. Seine Sprache lebt von der reinen Künstlichkeit, sie kleidet die größten Brutalitäten in vollendete Formulierungen. Und Grausamkeiten gibt es in seinem Werk im Übermaß, schon in seinem dramatischen Erstling *Die Familie Schroffenstein*, den er hier in Thun schrieb. Vielleicht wären Jugendliche für zu Tode gefolterte Menschen zu begeistern, für eine Rittergeschichte, in der Kindern die Finger abgeschnitten, Männer vom Pöbel zu Tode geprügelt, Söhne und

Töchter von ihren Vätern ermordet werden. Aber was wäre die erzieherische Erkenntnis, die unsere Lehrer aus Kleist hätten ziehen können? Er widersprach allem, was in meiner Jugend an Werten gelehrt wurde, in einer Stadt, die damals fast ausschließlich von der Armee und der Munitionsfabrik geprägt wurde. Eine Kleinstadt, in der jeder seinen Platz hatte, der, solange er sich recht hielt und in Bescheidenheit übte, nicht gefährdet war. Die Arbeiter in der KW und im Labi, den beiden großen Armeebetrieben, hatten ihre Stelle auf Lebenszeit, und ich erinnere mich, wie das »Thuner Tagblatt« die Dienstjubiläen abdruckte. Dass jemand sein vierzigstes oder sogar fünfundvierzigstes Jahr begehen konnte, war keine Seltenheit.

Wäre es nicht gefährlich gewesen, uns, denen unter Qualen beigebracht werden musste, wie man sich zu benehmen hat, welchen Platz wir in der Gesellschaft beanspruchen konnten, von einem zu erzählen, der sich um diesen Platz, um irgendeinen Platz foutierte? Er hatte alles weggeworfen, während unsere Lehrer verzweifelt daran arbeiteten, dass wir überhaupt etwas in die Hände nahmen.

Ich kann nicht für alle in meiner Klasse, für meine Freunde reden, aber was mich betraf, gab es sehr wenig, was ich hätte wegwerfen müssen. Die Dinge fielen von alleine von mir ab. Es schien, als würde plötzlich alles auseinanderbrechen, die alten Kohäsionskräfte, die die Gesellschaft zusammengehalten hatten, wurden schwächer und schwächer, immer mehr Teile lösten sich aus dem Ganzen. Noch wurden wir mit der Angst vor den Russen imprägniert, noch gab es die weltpolitischen Blöcke, aber für immer weniger Menschen in dieser

Stadt hatte der alte Gesellschaftsvertrag noch Gültigkeit. Ich wuchs in einer Zwischenzeit auf, in der das Alte keine Gültigkeit mehr hatte und das Neue noch nicht da war. Unsere Nachbarn waren Bauern, drei Geschwister, die Geschwister Bürki, von denen keines je geheiratet hatte, und wenn wir an den freien Nachmittagen die Runkelrüben putzten oder die Kartoffeln aufsammelten, die von der Erntemaschine vergessen worden waren, oder wenn ich abends die Kühe ausmelken und das bisschen Milch, das ich aus den Eutern gedrückt hatte, nach Hause nehmen durfte, wo es meine Mutter in einen Suppenteller goss, damit sie morgens ihren Kaffee mit der Sahne verfeinern konnte, dann ahnte ich auf eine Weise, die ich nicht hätte formulieren können, dass diese Bauern keine Nachfolger haben würden und es dort, am Rande der Stadt, an der Gwattstraße, gegenüber vom Strandbad, für sie keinen Platz mehr gab, die Zeit über sie hinweggehen und das Autohaus Moser, das jenseits der Hofstatt lag, den Sieg davontragen würde.

Irgendwann verkauften die Bürkis den größten Teil ihrer Hofstatt, Männer kamen und fällten die Obstbäume. Die große Scheune wurde der Feuerwehr zur Verfügung gestellt, die eines Sommerabends während einer Übung ein riesiges Feuer anzündete, das den Nachthimmel erleuchtete, und wir, die Kinder, starrten voller Faszination in die Flammen, fühlten die Hitze auf unseren Gesichtern, eine Glut, die gerade einen Teil unseres Lebensraums verschlang. Anstelle der Scheune und der Bäume wurde ein Schrottplatz angelegt, und da Kinder keine andere Möglichkeit haben, als sich den Umständen anzupassen, kletterten wir von nun an nicht mehr in Äste, sondern in die Unfallwagen. Wir schreckten

nicht mehr vor der Höhe zurück, sondern vor den blut-
verschmierten Sitzen, auf denen das geborstene Fenster-
glas lag, als habe jemand dem Gedenken der Verun-
glückten Juwelen dargebracht.

Es war ein einziges Niederreißen, nichts blieb, wie es
war. Ringsum wurden die Häuser demoliert, mich rele-
gierte man von der Sekundarschule zurück in die Primar,
und im Kopf meines besten Freundes entdeckte man
einen Tumor. Eine Operation rettete ihm das Leben,
aber nicht die geistige Gesundheit, weshalb man mir nahe-
legte, einen anderen Gefährten zu suchen, einen, der mir
intellektuell etwas zu bieten habe. Mein Stiefvater verschwand bald darauf spurlos, und die Familie, in die ich
geraten war, ging in die Brüche. Mit meiner Mutter zog
ich in eine Wohnung in der Schoren, in einem Quartier,
das gerade erst am Entstehen war, auf einer Wiese, wo
ich kurz zuvor noch die Kühe hatte weiden sehen. Dro-
gen überschwemmten die Stadt, Heroin und Rohypnol
vor allem. Mehr als einer meiner Freunde wurde nach
Bolligen oder auf den Tessenberg gebracht, in die Anstal-
ten für die renitenten Jugendlichen, weil er nachts in eine
Apotheke eingebrochen war.

Es war, als unterläge alles einem Zwang zur unabläs-
sigen Veränderung, ganz besonders mein Gesicht, wo
Pickel sprossen und sich die kindliche Nase mehr und
mehr zu krümmen begann, bis sie ein Ebenbild jener
meines leiblichen Vaters war, eine ganz und gar neue
Erscheinung in meinem Gesicht, die mich gleichzeitig
auf meine Herkunft verwies, allerdings auf einen Teil,
für den ich keine Anerkennung erwarten konnte. Mein
Riechorgan erinnerte meine Umgebung zu aufdringlich
an einen Mann, der sich früh aus der Gesellschaft verab-

schiedet hatte, das schwarze Schaf der Familie, eine Scham, die so weit ging, dass ich seinen Namen, Bärfuss, nicht tragen durfte, obwohl ich gesetzlich so hieß. In der Schule trug ich den Namen meines Stiefvaters, selbst die Zeugnisse nennen diesen Namen, der nie offiziell wurde, und falls ich beweisen müsste, dass ich tatsächlich zur Schule gegangen bin, dann käme ich in ernste Schwierigkeiten. Die amtlichen Schriften würden mir nicht helfen und ich wäre auf die Zeugenaussage meiner Lehrer und Mitschüler angewiesen.

Was das mit Kleist zu tun hat? Nicht viel eigentlich, außer dass man zur Aussage kommen könnte, die Kleist'sche Katastrophensucht habe auffällig gut zu meiner Jugend gepasst. Aber es gibt trotzdem eine Verbindung zwischen meiner Geschichte, meinem verstorbenen Vater und diesem Heinrich von Kleist, eine sehr irritierende, und ich will versuchen, sie nicht zu stilisieren, aber ich fürchte, dass mir das schwerfallen wird.

Mein Vater trägt eine dunkle Sonnenbrille, weißes Hemd, Schlips, braunes Jackett, dunkle Hose, Schuhe mit leichtem Absatz. Er steht auf einer Brücke, eigentlich ein Steg bloß, der auf ein Grundstück führt, über Wasser hinweg. Im Hintergrund ist eine Villa zu sehen, wie man sie in jener Gegend häufig findet: drei Trakte, der mittlere mit Eingang und Laube im ersten Stock. Über allem ein Walmdach, mächtig. Zum Haus gehört ein Garten, halb versteckt hinter einer Mauer, die zugleich das Ufer bildet. Eine gestutzte Weide steht da und getrimmter Buchs in kubischen Formen.

Mein Vater steht schräg zur Kamera, sein linkes Bein im Vordergrund hat er leicht angehoben, die Ferse

hängt in der Luft. Der linke Arm ist dabei leicht ange-
winkelt. In der nach oben geöffnete Hand hält er mit
Daumen und Zeigefinger eine Zigarette. Der Vegetation
nach zu schließen ist Frühling, der Wald im Hintergrund, dort, wo das andere Seeufer liegt und eine Ort-
schaft namens Hünibach und also eben auch der Hüni-
bacher Wald, alles steht braun und grau, tannengrün,
kein laubgrün. März oder April, früher nicht, dafür ist
Vaters Garderobe zu leicht. Er scheint nicht zu frös-
teln. Schatten und Licht sprenkeln den rissigen Asphalt.
Wolken werfen die Schatten und vielleicht Bäume im
Unsichtbaren neben der Fotografie.

Es gibt keine äußeren Hinweise auf das Jahr, in dem das
Bild gemacht wurde. Die Garderobe verät nicht viel. Es
ist ein Jackett, das man ohne weiteres auch heute tragen
könnte, ohne als besonders unmodisch aufzufallen. Andererseits dürfte man diese Schnitte vor dem Jahre 1960
nicht verkauft haben. Das Jackett ist nämlich tailliert, wie
italienische Schneider nähen. Mein Vater hatte Jahrgang
einundvierzig, und ich würde ihn auf dem Bild nicht jünger als fünfundzwanzig und nicht älter als dreißig schät-
zen. Das quadratische Bildformat verrät, dass für die
Fotografie eine Kodak Instamatic verwendet wurde, eine
Kamera, die 1963 auf den Mark gebracht wurde. Das alles
würde auf einen Zeitraum zwischen 1966 und 1971 schließen lassen, auf das Jahr meiner Geburt.

Diese Fotografie ist gewiss nichts Besonderes, aber
sie ist eines von nur zwei Bildern, die ich von meinem
Vater besitze. Das andere ist ein Automatenbild im
Halbtaxabo, aufgenommen zweieinhalb Jahrzehnte später, ein paar Wochen vor seinem Tod, das ich in seiner
knappen Habe fand. Weil ich so wenig von ihm besitze,

bin ich gezwungen, die knappen Zeugnisse zu deuten, und die Insel, wohin die Brücke führt, auf der mein Vater steht, ist die Aareinsel, auf der Heinrich von Kleist jenen Sommer verbrachte, das Mädeli liebte und an der Dichtung verzweifelte.

Wenn ich das Bild meines Vaters auf der Brücke betrachte, so kommt mir der Gedanke, dass er zwischen mir und Kleist steht. Ich, er, eine Brücke, die Kleistinsel. Das ist ein überzogenes Bild. Mein Vater hat mich kaum interessiert, als er noch am Leben war. Erst sein Tod hat ihn mir nahegebracht. Das ist nicht Spiritismus, sondern der Tatsache zu verdanken, dass ich durch sein Begräbnis zum ersten Mal etwas mit ihm zu tun bekam. Auch wenn es genau genommen nicht er selbst, sondern bloß seine Asche war, die ich suchen musste.

Aber in der Metapher liegt eine Wahrheit. Er starb zu einem Zeitpunkt, als ich gerade beschlossen hatte, Dichter zu sein. Ich hatte meine Stelle als Buchhändler gekündigt und behauptete nun allenthalben, ich sei freier Schriftsteller. Ich reiste nach Afrika, in den äußersten Norden Kameruns, an der Grenze zum Tschad und zum Wahnsinn, zu den Elefanten und den Warzenschweinen. Ich hatte keine Ahnung, was mich bei meiner Rückkehr erwarten würde, außer ziemlich hohe Schulden, und keine Ahnung, wie ich mich zu einem Schriftsteller befähigen sollte. Ich reiste in die Hafenstadt Douala, wo mich die Nachricht vom Tod meines Vaters erreichte, drei Wochen nach seinem Ableben, weshalb ich meinen Rückflug nicht vorverschob. Er würde längst begraben sein, so nahm ich an, doch bei meiner Rückkehr musste ich feststellen, dass sich niemand um den Toten gekümmert hatte und keiner wusste, wo seine Überreste zu finden waren. Man wusste nur, dass er in der Stadt Bern zusammengebrochen und ins Inselspital gebracht gebracht worden war, wo er nach dem vergeblichen Versuch, das fünffrankenstückgroße Loch, das der Infarkt in sein Herz gerissen hatte, zu stopfen, verstorben war. Man gab mir eine Liste der Bestatter, mit denen das Krankenhaus zusammenarbeitet, und ich hatte nun einen nach dem andern telefonisch abzuklappern und mich zu erkundigen, ob irgendwo die Asche meines Vaters stand.

Das war alles in allem eine traurige Geschichte, aber sie kam trotzdem wie gerufen. Ich besaß plötzlich eine Geschichte, und dies befähigte mich, überhaupt zu schreiben. Ich schrieb nie über meinen Vater. Zu wissen, dass es möglich wäre, war mir genug. Es war nicht die Wut oder der Zorn, auch nicht die Trauer, die mich zum Schriftsteller machte – es war die Einsicht in die Geschichte, in die ich verstrickt war. Gewisse Ereignisse konnte ich nicht ändern, ich konnte nicht einmal etwas Verlässliches über sie erfahren, weil das Schweigen um meinen Vater zu groß war. Was mir blieb, war das Schreiben, die Erfindung meiner oder irgendeiner Geschichte, weniger, um zu erzählen, als um etwas zu erfahren, über mich und meine Stellung in den Ereignissen, die man als Schicksal bezeichnet.

Schicksal, nach dem philosophischen Wörterbuch erstens: das Verhältnis des Einzelnen zum Ganzen von Natur und Geschichte. Zweitens: die Geschichte des Ganzen selbst.

Schicksal, ein Begriff, den man im Zusammenhang mit Heinrich von Kleist immer wieder antrifft.

Man liest oft, in Kleists Stücken walte das Schicksal und die Menschen seien Opfer des tragischen Geschicks. Wäre das der Fall, würden wir sie heute nicht mehr lesen oder spielen. Was Kleist entdeckt hat, ist nicht die Metaphysik, sondern die Funktionsweise der menschlichen Kommunikation. Kleist entdeckte, dass Menschen »geborene Psychologen« sind, wie der Philosoph Daniel C. Dennett es nennt.

Wir unterstellen den Akteuren in unserer Umwelt Absichten und überprüfen unablässig, ob diese Absichten wohlwollend oder tödlich sind, ob wir es mit einem Freund oder Feind zu tun haben. Darin unterscheiden wir uns noch nicht von anderen Lebewesen, aber wir sind weiter gegangen, viel weiter. Menschen machen als Einzige Annahmen über Annahmen. Wir fragen uns zum Beispiel, ob der Nachbar weiß, was wir in Wahrheit über ihn denken. Und wir mutmaßen sogar, ob er weiß, dass wir wissen, dass er weiß, was wir über ihn denken. Und, um es auf die Spitze zu treiben, können wir sogar so tun, als wüssten wir nicht, dass wir wissen, dass er weiß, was wir denken.

Menschen erkennen Heuchler und Schmeichler, Verführer und Provozierer, und sie können diesen Zwang zur Interpretation nicht unterdrücken. Er ist so stark, dass wir auch unbelebten Dingen Absichten unterstellen: Der Mond hat nicht nur ein Gesicht, er lächelt sogar.

Kleist behauptet nun, dass nicht eine Absicht, sondern das Spiel dieser Interpretationen und Gegeninterpretationen das menschliche Verhalten und damit auch die Weltgeschichte bestimme.

Im berühmten Brief an seinen Freund Rühle *Über die allmähliche Verfertigung der Gedanken beim Reden* erzählt er von Mirabeau, dem französischen Politiker und Revolutionär, wie dieser dem königlichen Zeremonienmeister entgegentritt, der die Generalstände auflösen will. Mirabeau habe zu Beginn nicht gewusst, was er dem Beamten des Königs antworten sollte. Erst das Zucken des Zeremonienmeisters Oberlippe und das zweideutige Spiel an seiner Manschette habe bewirkt, dass er der Forderung des Königs entgegengetreten sei und der Revolution zum Durchbruch verholfen habe.

Es gibt keinen sinnstiftenden Gedanken, kein leitendes Prinzip, es gibt nur den Moment, der sich durch die wechselseitigen Zustände dieses Moments und ihrer Interpretationen gestaltet. Wir sind, was wir sind, durch unser Gegenüber, das sich wiederum durch uns definiert. Streng genommen gibt es uns nur durch die Beziehung. Wir sind nicht durch uns selbst definiert, wir werden definiert durch das andere, das eine Bewegung, ein Gefälle verursacht, eine Entladung, wie es bei Kleist in einer Analogie zur Elektrizität heißt. Die Absichten werden nachgeschoben. »Denn nicht wir wissen, es ist allererst ein gewisser Zustand unsrer, welcher weiß.« Mit diesem gewaltigen Satz erledigt Kleist den Glauben an ein gesichertes Ich.

Das bedeutet nicht, dass alles zufällig ist, aber die Faktoren, die diesen Zustand beeinflussen, sind ohne Zahl, und wir können nicht sagen, welcher von ihnen entscheidend ist, ob es die großen Gedanken sind, die wir uns über das Glück und die Entwicklung der Menschheit machen, oder vielleicht die letzte Mahlzeit, die ein saures Aufstoßen verursacht. Kleist sagt, es seien die Gefühle, die unsere Gedanken beherrschen, und er sagt auch, dass wir diesen Gefühlen ausgeliefert sind. Eine beiläufige Handbewegung kann Abscheu, ein unbewusster Augenaufschlag Liebe erregen.

Aber es gibt noch einen anderen Punkt, weshalb sich Kleist nicht an die vermeintlichen Absichten hielt. Für ihn war die »Grazie«, die Anmut, im Leben und in der Kunst nur durch Absichtslosigkeit zu erreichen. Entweder durch jemanden mit einem unendlichen Bewusstsein, oder, im Gegenteil, durch jemanden ohne jedes Bewusstsein. Er findet dafür in seinem Aufsatz *Über das Marionettentheater* zwei Bilder.

Die unbelebte Puppe, die Marionette, ist ohne jede Berechnung oder Eitelkeit, sie weiß nichts über ihre Wirkung, und genau deshalb erscheint sie uns graziös. Und daneben das Tier, bei ihm in der Gestalt eines Bären, der einem perfekten Fechter entgegentritt und ihn besiegt, weil er auf dessen Finten nicht eingeht, da er das Verhalten nicht deutet. Beide, Puppe und Bär, spielen das Spiel nicht, das zu spielen wir gezwungen sind.

Nun kommen wir, als Menschen, niemals in den Zustand des tierischen oder unbelebten Bewusstseins. Da wir denken und handeln, produzieren wir falsche Annahmen, und die Folgen davon hat Kleist in seinen Stücken beschrieben. Es gibt keinen anderen Grund für diese Missverständnisse, für die Unmöglichkeit, miteinander in einen unverfälschten Kontakt zu kommen, als unsere menschliche Natur.

Kleist fragt also nicht nach dem *Warum*, er fragt nach dem *Wie*. Er wendet sich den Menschen in ihrer Einzigartigkeit zu, nicht den allgemeinen Prinzipien, und paradoxerweise ist das einer der Gründe, weshalb er uns immer noch etwas zu sagen hat. Denn unsere Ansichten von der Welt ändern sich, die Dynamik in den Beziehungen erstaunlicherweise nicht.

Aber Kleist geht noch weiter. Er sagt, dass erst die Täuschung zu gesellschaftlicher Stabilität führt. Jeder täuscht sich und/oder wird getäuscht, aber wehe, wenn jemand auf dem wahren, unverfälschten Gefühl beharrt wie das Käthchen von Heilbronn auf ihre Hingabe oder Michael Kohlhaas auf seiner Kränkung. Dann bricht die Welt zusammen, wie der Torbogen zusammenfallen müsste, wenn sich ein einziger Stein gegen den Sturz wehrte.

Weil er sie in ihrer Einzigartigkeit zeigt, kann Kleist seinen Figuren keinen Ort geben. Dafür verschafft er ihnen einen Raum. Dort können sie sich bewegen, tanzen, hüpfen, steigen und sinken, hinfallen und wieder aufstehen. Und wir können ihnen dabei zuschauen, ihre Schönheit bewundern, ihre Verkommenheit verdammen. Was sie sind, sind sie durch die Bewegungen ihrer Gefühle. Ihre Menschlichkeit zeigt sich in der Weigerung, sich verorten zu müssen, im Willen zur Verwandlung. Die Dichtung hat von Anbeginn diese Verwandlung gefordert, besungen, gefeiert. Vielleicht geht es in der Literatur nur darum. Die Gesellschaft und den Staat, die auf Ordnung und Beständigkeit setzen, auf die Berechenbarkeit der menschlichen Verhältnisse, muss dies beunruhigen. Kleist hat das sehr genau beschrieben. Wer auf seiner Verwandlung beharrt, wird bestraft. Es gibt in den geordneten Strukturen keinen festen Ort für jene, die an nichts als an die Metamorphose glauben. Nicht für seine Figuren, nicht für ihn selbst.

Die Dichter schaffen keine Orte, sie schaffen Räume, in denen sie sich selbst und wir alle uns verändern können, in der Vorstellung, und manchmal sogar in der Wirklichkeit.

III

Habeas Corpus

Das Gefühl, die Hoheit über seinen Körper zu verlieren, setzt bereits am Flughafen ein. Das ist nichts Neues. Als Reisender ist man die stufenweise Verwandlung in Frachtgut schließlich gewohnt: Man entledigt sich an der Sicherheitskontrolle der Effekten ebenso wie der Persönlichkeit. Aufgefangen wird die plötzliche Nacktheit von der militanten Freundlichkeit des Personals. Die Tatsache, die Reise mit dem größten Verkehrsflugzeug der Welt anzutreten, beschreibt nur eine graduelle Verschärfung. Kein Grund zur Beunruhigung also.

Denn worüber sollte man sich auch Sorgen machen? *Relax and enjoy your flight.* Die Maschine steigt ruhig auf elftausend Meter Reiseflughöhe, die Damen bringen Getränke, und nach dem zweiten Glas begreift man, dass man sie um alles bitten kann. Bloß anfassen sollte man sie nicht. Dafür gibt es den Bildschirm des Bordunterhaltungsprogramms. Er ist berührungsempfindlich und führt den Geist aus der Gegenwart in eine andere Welt. Hier findet der Reisende seine einzige Aufgabe: Er muss sich entscheiden, auf welche Art er seine Infantilisierung vollenden will. Will er lieber ein Quiz lösen, farbige Bälle davor bewahren, in ein schwarzes Loch zu fallen, oder doch mit Herkules seine zwölf Arbeiten in Angriff nehmen?

Dass man überhaupt fliegt, ist nicht auszumachen. Man braucht dazu die Computergrafik, die den Fortschritt der

Reise begreifbar macht. Mit sechshundert Seelen an Bord steigt man gen Süden, kein Ruckeln, kein Flattern, keine Vibrationen, eine lange, stetige Bewegung. Nur gelegentlich unterbrochen von einem hässlichen Ruck, als würde sich das Flugzeug räuspern, so kurz, dass man nicht sicher ist, ob man es sich eingebildet hat.

Der Rest ist Eleganz, versinnbildlicht im Hutschleier der Flugbegleiterinnen. Ihre Anmut, ihre kühle Tüchtigkeit lässt den Reisenden unweigerlich plump erscheinen. Seine Körperfunktionen werden zu einer Peinlichkeit. Es wäre besser, man besäße überhaupt keinen Leib, der doch nur ein Hindernis ist. Man wäre jetzt bereit, sich Windeln anlegen zu lassen und eine Kanüle für die künstliche Ernährung. Inmitten der totalen Automatisierung wäre dies nur folgerichtig.

Nach der Landung verflüchtigt sich der letzte Rest Körpergefühl. Geblendet vom Glanz der Moderne schlurft man über die Marmorböden, die Gischt der stockwerkhohen Wasserfälle in der Abfertigungshalle des Flughafens von Dubai benetzt das Gesicht, aber sie erfrischt nicht. Die Straße, die einen ins benachbarte Emirat Abu Dhabi führt, hat acht Spuren. Gerade wie ein Zollstock führt sie hinaus in die Wüste, und wer das Vergnügen hat, sie nachts zu befahren, wird vom Schein Zehntausender Kandelaber erhellt, die im Abstand von zwanzig Meter Spalier stehen wie die Höflinge vor dem Thron eines unsichtbaren Gottes. Manchmal züngelt entfernt die Fackel einer Raffinerie in den schwarzen Himmel und man versteht: Ohne das Öl würde hier nichts länger bestehen als ein paar Tage.

Aber noch ist das schwarze Gold nicht versiegt. Noch stehen die Türme, es sind die höchsten der Welt.

In einen davon legt man sich zur Ruhe. Die Tür schließt sich geräuschlos. Das Zimmer ist klimatisiert. Das Frühstück wie zu Hause. Es gibt keine Bedrohung.

Wenn aus dieser Welt ein Mensch verschwindet, einen, den man kennt und mag und mit dem man gewisse Dinge teilt, den Beruf und einige Freunde, vor allem aber die Einladung an die hiesige Buchmesse, dringt diese Tatsache nur langsam ins Bewusstsein. Natürlich bemerkt man sein Fehlen, aber da man sich selbst so weit abhandengekommen ist, fällt es schwer, ein Gefühl für die Abwesenheit eines andern zu entwickeln. Und wenn man schließlich die Empfindung wiedergefunden hat, hat man Mühe, sie in Worte zu fassen.

Man ist vielleicht zu einer Schiffsfahrt eingeladen, mit einer Gruppe anderer Reisender, die ebenso staunend auf dem Oberdeck kühle Getränke entgegennehmen, ebenso matt und körperblöd in der Hitze des Mittags hindämmern und der angekündigten Sensationen harren. Natürlich ist da diese Unruhe – aber die Skyline ist wirklich einzigartig. Warum sollte man sich nicht zuerst ein paar Bilder davon machen, bevor man eine unangenehme Frage stellt? Man kann hier über alles reden, bloß über jenen, der fehlt, sollte man besser schweigen. Denn als man seinen Namen erwähnt, wird einem vom Gastgeber bedeutet, das Thema zu wechseln. Der Verschwundene wird bald wieder hier sein. Ja, er wurde verhaftet, nein, man kennt zurzeit seinen Aufenthaltsort nicht, er wird auf irgendeiner Polizeistelle sein. Es kann sich nur um ein Missverständnis handeln. Es lohnt sich nicht, daraus eine große Sache zu machen. Und hat man nicht immer gesagt, erst das Unvorhergesehene gebe dem Leben die Würze? Also siehe da, die Delfine!

Willst du dich nicht daran erfreuen, wie sie mit der Bugwelle spielen? Warum siehst du ihre Schönheit nicht? Und das Essen – sind da nicht sämtliche Leckereien des Orients versammelt? Woher also dein Missmut, bist du nicht einfach undankbar?

Wenn ein Mensch verschwindet, muss man ihn zuerst zurück ins Bewusstsein bringen. Man erfährt die Wahrheit der Redensart: Aus den Augen, aus dem Sinn. Man erfährt die Weisheit des Sinnspruchs: *Les absents ont tort*, die Abwesenden haben Unrecht.

Tatsächlich werden dem Verschwundenen bald Vorwürfe gemacht. Er hätte doch wissen müssen, dass man keine Botschaften fotografieren darf. Sein Leichtsinn war sträflich, oder wie es ein Mann vom Geheimdienst formuliert: Es gibt nichts Verdächtigeres als Harmlosigkeit.

Wenn ein Mensch verschwindet, haben jene, die das nicht hinnehmen wollen, zuerst gegen die Gleichgültigkeit zu kämpfen. Was ist so einzigartig an diesem Fehlenden, dass man sich deswegen bei seinen Geschäften und Vergnügungen stören lassen sollte? Es gibt schließlich noch anderes, das der Aufmerksamkeit bedarf, und ist es nicht eitel und anmaßend, die Verpflichtungen liegenzulassen? Die Welt kann nicht stillstehen, bloß weil einer fehlt. Es mag zum Beispiel eine Buchmesse geben, Veranstaltungen, an denen man teilzunehmen hat, und was können die Lesenden dafür, wenn einer nicht aufgepasst hat und so blöd war, sich von der Straße weg verhaften zu lassen? Es wäre besser, man würde die ganze Sache nicht so wichtig nehmen und sich entspannen. Zum Beispiel im Pool auf dem Dach des Hotels, zum Beispiel mit einem kühlen Getränk in der Bar.

Und wenn er dann wieder auftaucht, dieser Mensch, wenn man ihn dann gesehen hat, zum Beispiel in einem Justizpalast, zwar mit Fußfesseln, aber sonst gesund, dann wird es nicht schwerfallen, sich von ihm abzuwenden und die Sache endlich für erledigt zu betrachten. Man weiß nun, wo er ist, man hat die Versicherung, dass er bald freikommen wird. Sein Arrest ist bloß die Folge einer offenen Verwaltungsangelegenheit, die noch ihren Gang zu nehmen hat. So könnte man sich also beruhigen. Ein blöder Zufall. Ein Irrtum. Keine Bösartigkeit.

Wären da nicht die Gesichter jener Menschen, die in diesem Land die ganze Arbeit machen, die Türme gebaut haben, die Gäste in Empfang nehmen, die Zimmer putzen. Sie bilden die Mehrheit – und entbehren jenes Rechtes, das der Gast so unverrückbar zu seiner Identität zählt: der Hoheit über den eigenen Körper. Sie wissen, was es bedeutet, der Willkür ausgesetzt zu sein, den Launen eines totalitären Landes, der vollkommenen Gleichgültigkeit. Sie wissen, was es bedeutet, in einer Welt zu leben, die von jedem den Preis, aber von nichts den Wert kennt. In ihrem Entsetzen, in ihrer Anteilnahme erkennt man, dass es keinen Grund gibt, sich auf irgendeine Aussage zu verlassen, irgendeine der Beruhigungen, die man weiterhin von allen Seiten hört, ernstzunehmen. Die Zimmerfrau versteht, was da gerade passiert, weil sie beständig in der Furcht lebt, ohne Möglichkeit, das Land zu verlassen. Ihre Papiere werden einbehalten. Der rechtlose Körper wird nach Feierabend in einen Wohncontainer geschlossen.

Und es fällt dem empörten Westeuropäer nicht schwer, diese orientalischen Ausbeuter für ihre Missachtung der Habeas-Corpus-Akte zu verdammen, für ihr deformiertes, korruptes Gewissen, für ihre Heuchelei, ihre Verantwortungslosigkeit, ihre Lügen und ihre unausgesetzte Feier des Mammons, zu dem sie nicht durch Leistung, sondern durch eine geologische Gnade gekommen sind. Aber die Empörung ist billig. Denn man weiß: Moralisch mag man sich mit jenen solidarisieren, denen man den Körper genommen hat. Faktisch, das heißt wirtschaftlich, ist man Komplize der Ausbeuter. Denn die Geschäfte der westlichen Demokratien mit diesen barbarischen Emiren laufen wie geschmiert. Ohne ihren Betriebsstoff würde der aufgeklärte Bürger seine Identität kaum einen Tag aufrechterhalten können. Seine Empörung kann er sich nur leisten, weil man ihn längst gekauft hat. Das Einstehen für die Menschenrechte – bloß die Eitelkeit eines Intellektuellen. Man sollte sich wirklich nicht zu laut empören. Sich um anderes kümmern. Das ist nicht schwierig. Denn wenn ein Mensch verschwindet, geht alles seinen gewohnten Gang. Schließlich ist es der gewohnte Gang, dass Menschen verschwinden.

Das Volk und ich

Was Sie hier hören, ist die Stimme der »wachen Öffentlichkeit«. Als ich diese Ankündigung las, fragte ich mich, ob es im Gegensatz dazu auch eine schlafende Öffentlichkeit gebe, und was diese in ihren Schlummer versetzt habe. Vielleicht sind die Zustände so langweilig geworden, dass manche darüber in den Schlaf fallen. Oder leben wir in einem Staat, der uns jenes sprichwörtliche Kissen besorgt, das nur das Gewissen bereitstellt und auf dem sich vortrefflich ruhen lässt?

Beim Nachdenken über diese Fragen war ich mir auf einmal nicht mehr sicher, ob ich nicht lieber zu den Schlafenden gehören würde. Immerhin wäre es mir möglich zu träumen, vielleicht sogar von diesem Staat zu träumen – und ich will jetzt nicht davon ausgehen, dass dies zwingend Albträume sein müssten.

Aber ich bin wach. Und da es hier um die Volksinitiative schweizerischen Zuschnitts gehen soll, kann ich mit wachen Sinnen feststellen: Ich bin dem Ruf an die Urne, wie es so schön heißt, immer mit Vergnügen gefolgt, bisweilen sogar enthusiastisch. Gerade dann, wenn es darum ging, über eine Volksinitiative zu befinden. Sie blieb für mich der vornehmste Ausdruck meiner Teilhabe an der Macht, vornehmer als das Referendum, mit dem das Volk befindet, ob es ein vom Parlament beschlossenes Gesetz verabschieden will. Das Referendum gleicht der Hand des Spielverderbers, mit der er die Figuren vom Brett wischt. Das Referendum ist der Strich, den das Volk durch die Rechnung des Gesetzgebers macht, das Salz, mit dem man ihm die Suppe verdirbt.

Die Initiative hingegen ist selbst eine Suppe, vom Volk gekocht. Sie ist eine Aktion, keine Reaktion, sie fährt dem Vorwurf an die Stänkerer, nur kritisieren und nichts zur Vervollkommnung des Menschengeschlechts beitragen zu können, in die Parade.

Eine Initiative setzt etwas Neues in die Welt. Das ist grundsätzlich ehrenhafter als die Verhinderung dieses Neuen – und ich sage grundsätzlich, denn es kann geschehen, dass man dem Schlechten entgegenzutreten hat, auch und gerade wenn es neu sein sollte.

Ich sagte: Ich bin dem Ruf immer gerne gefolgt – und ich meine das nicht metaphorisch.

Ich mochte diese Sonntage, den kurzen Gang ins nächste Schulhaus oder in die Gemeindekanzlei, ich mochte diese säkularisierten Predigtmärsche, begleitet vom Geläut der tatsächlichen Kirchenglocken. Es war gewiss auch eine kulinarische Freude, es war eine der seltenen Möglichkeiten, die Gegenwart des Staates, und vor allem meine Funktion in diesem, sinnlich zu erfahren.

Als Vater hielt ich es für einen Teil der staatsbürgerlichen Erziehung meiner Kinder, sie an die Urne mitzunehmen. Ich wollte, dass sie den Kern unserer Demokratie erleben. Sie sollten begreifen, dass der Staat, zu dessen Bürgern sie heranreifen, in der Wirklichkeit und nicht nur als Abstraktum existiert. Und jedes Mal ließ ich sie die bunten Zettel in die Urnen und den nutzlos gewordenen Umschlag in die runde Ablage werfen. Ich wollte ihnen zeigen, wie wenig es sich dabei um eine lästige Pflicht, sondern um ein seltenes und kostbares Privileg handelte, ein Privileg, das ein Großteil der Menschen bis auf den heutigen Tag entbehren muss.

Ich sagte, ich bin ihm gerne gefolgt, diesem Ruf. Aber etwas hat sich verändert. Meine Begeisterung hat deutlich nachgelassen. In der letzten Zeit habe ich meist brieflich abgestimmt, mehr oder weniger lustlos, und war es früher selbstverständlich, sämtliche Vorlagen zu prüfen, mich über das Für und Wider zu informieren, so beurteile ich heute nur jene, zu denen ich bereits eine Meinung habe. Ich bin müde geworden, ja, auch ich drohe einzuschlafen, wäre da nicht dieser Schmerz über den Verlust an Enthusiasmus, ein Schmerz, der mich wach hält.

Liegt es an meinem Alter? Dann allerdings wäre ich eine Ausnahme. Es sind die älteren Jahrgänge, die überproportional von ihrem Stimm- und Wahlrecht Gebrauch machen.

Habe ich zu viele Niederlagen erlebt? Ich war oft in der Minderheit, ich gehörte oft zu den Verlierern, was mich natürlich ärgerte, aber wegen der Sache, nicht wegen des Prinzips. Ich bedauerte die verpasste Gelegenheit, aber ich fühlte mich deswegen nicht ungerecht behandelt. So lief das Spiel, die Regeln waren hart, aber gerecht, und wer nicht verlieren kann, sollte besser nicht mitspielen. Und ich wollte mitspielen.

Liegt es daran, dass ich mir zu den sachlichen Inhalten vieler Initiativen, die in der letzten Zeit zur Abstimmung kamen, keine Meinung bilden wollte? Ich war weder dafür, noch dagegen, ich fand die Alternativen als solche unzulässig. Ich hatte alle Mühe, das formulierte Problem als Problem zu erkennen, und da ich gezwungen wurde, mit Ja oder Nein zu antworten, anerkannte ich implizit die Existenz dieses Problems. Ich bedaure immer öfter, dass ich als Stimmbürger nicht die Möglichkeit habe, wie das Parlament auf Nichteintreten zu plädieren, die Existenz des Problems als Gesamtes zu verneinen. Aber warum stört mich das? Schließlich mag dieses Problem für gewisse Menschen existieren, auch wenn es mich persönlich nicht betrifft. Ich brauchte einfach nicht abzustimmen und ihnen, den Betroffenen, die Entscheidung überlassen. Die Folgen werden mich in meinem Alltag mit größter Wahrscheinlichkeit nicht betreffen. Ich beabsichtige nicht, ein Minarett zu bauen. Ich bin in diesem Land nicht Ausländer, weshalb ich kriminell werden kann, ohne zu fürchten, abgeschoben zu werden. Und die Gefahr, dass mein Leben oder das meiner Liebsten von einem Sexualstraftäter bedroht würde, ist zwar vorhanden, aber sie scheint mir unerheblich angesichts anderer Bedrohungen – angesichts des Verkehrs in meinem Quartier, zum Beispiel, der mich und meine Familie täglich sehr real an Leib und Leben bedroht.

Ich mag meinen Verdruss nicht. Ich glaube, dass wir die kurze Zeit, die uns auf Erden geschenkt ist, nutzen sollten. Und ich halte mich, was die Politik betrifft, für einen Pragmatiker, und ich bin der Überzeugung, dass ich darin ein Kind der politischen Kultur meiner Heimat bin.

Warum also zweifle ich mehr und mehr am Nutzen der Volksinitiative?

Um eine Antwort zu erhalten, nahm ich die schweizerische Bundesverfassung in die Hand und wollte in Erfahrung bringen, was eine Initiative eigentlich ist, wie sie funktioniert und was sie bezweckt.

In den Artikeln 138 und 139 wird erläutert, auf welche Weise eine Volksinitiative zustande kommt: »Hunderttausend Schweizer Bürger können in achtzehn Monaten die Revision oder die Teilrevision der Bundesverfassung verlangen.«

Das klärt das Wie, aber noch nicht das Wozu.

Die Artikel 138 und 139 sind Teil des 2. Kapitels des vierten Titels »Volk und Stände«. Dieser beginnt mit dem Artikel 136 über die politischen Rechte, und da steht: »Die politischen Rechte in Bundessachen stehen allen Schweizerinnen und Schweizern zu, die das 18. Altersjahr zurückgelegt haben und die nicht wegen Geisteskrankheit oder Geistesschwäche entmündigt sind. Alle haben die gleichen politischen Rechte und Pflichten. Sie können an den Nationalratswahlen und an den Abstimmungen des Bundes teilnehmen sowie Volksinitiativen und Referenden in Bundesangelegenheiten ergreifen und unterzeichnen.«

Dieser Artikel klärt darüber auf, wer diese politischen Rechte besitzt und was damit zu tun ist. Das Wozu bleibt weiter unklar. Also noch weiter zurück, bis ganz an den Anfang. Und tatsächlich: Artikel 2 der schweizerischen Bundesverfassung orientiert über den Zweck.

»Erstens: Die Schweizerische Eidgenossenschaft schützt die Freiheit und die Rechte des Volkes und wahrt die Unabhängigkeit und die Sicherheit des Landes.

Zweitens: Sie fördert die gemeinsame Wohlfahrt, die nachhaltige Entwicklung, den inneren Zusammenhalt und die kulturelle Vielfalt des Landes.

Drittens: Sie sorgt für eine möglichst große Chancengleichheit unter den Bürgerinnen und Bürgern.
Viertens: Sie setzt sich ein für die dauerhafte Erhaltung der natürlichen Lebensgrundlagen und für eine friedliche und gerechte internationale Ordnung.«

Das ist alles. Mehr steht da nicht. Der Staat dient also diesem Zweck, und die Volksinitiative ist eines der Mittel, mit dem dieser erfüllt werden soll.

Lassen Sie uns diesen in der Bundesverfassung formulierten Zweck etwas genauer anschauen.

Es fällt auf, dass zwischen »Schweizerischer Eidgenossenschaft« und »Land« unterschieden wird. Es steht ausdrücklich nicht: »Die Schweizerische Eidgenossenschaft wahrt die eigene Unabhängigkeit und Sicherheit.«

Das heißt: Die Bundesverfassung geht davon aus, dass es eine Differenz gibt zwischen dem Körper und der Körperschaft. Und dieser Körper, also das Land, die Wiesen, Felder, Straßen, Häuser, Flüsse, Seen und natürlich auch die Menschen, bedingt die Körperschaft, eben die Schweizerische Eidgenossenschaft. Nicht etwa umgekehrt. Das heißt letzten Endes, dass diese 48 000 Quadratkilometer zwischen Genfer- und Bodensee, zwischen Basel und Chiasso auch ohne die Schweizerische Eidgenossenschaft existieren würden, das Umgekehrte allerdings nicht der Fall ist. Der Staat wahrt also die Unabhängigkeit des Landes und schützt diese, aber dieses Verhältnis ist nicht reziprok, das heißt, in der Bundesverfassung ist nirgends die Rede davon, dass das Land auch den Staat schütze.

Genau genommen gibt es den Staat, die Schweizerische Eidgenossenschaft, nicht, nicht in der Wirklichkeit. Sie ist ein Abstraktum, vielleicht sogar ein Ideal, wie Platon den Staat definiert hat, eine Formulierung des Wünschbaren, entlang dessen sich die Wirklichkeit zu orientieren hat.

Ein Hinweis darauf ist, nebenbei gesagt, dass dieser Zweck etwas voraussetzt, das nicht der Fall ist. Das Land ist nicht unabhängig, ganz im Gegenteil: Die politischen, kulturellen, wirtschaftlichen, klimatischen Abhängigkeiten sind offensichtlich – und vor allem sind viele von diesen segensreich. Man kann behaupten, die Abhängigkeiten könnten größer sein, aber das ist es nicht, was die Bundesverfassung formuliert. Sie formuliert nicht: »Die Bundesverfassung wahrt die möglichst große Unabhängigkeit des Landes.« Die Autoren dieser Bundesverfassung wussten natürlich, dass »möglichst groß« einer Interpretation, einer Auslegung bedürfte, die den politischen Alltag unnötig verkomplizieren würde. Die Formulierung, das Land sei unabhängig, ist eine zweckdienliche Behauptung.

Jedenfalls bleibt der Staat eine Behauptung. Es gibt natürlich Konkreta, die sich auf die abstrakte Idee berufen. Es gibt das Bundeshaus, es gibt die Nationalbank, es gibt Schulen, Gefängnisse und die Armee, es gibt Amtsstellen und es gibt Formulare, die im Briefkopf das Wappen der Schweizerischen Eidgenossenschaft führen. Aber keines dieser konkreten Einzelteile kann von sich behaupten, es sei der Staat. Den Staat gibt es so wenig, wie es »die Literatur« oder »die Kunst« oder »die Landwirtschaft« in der Wirklichkeit gibt. Es gibt Schriftsteller, es gibt Künstler, es gibt ihre Werke, und es gibt Bauern und ihre Kühe, Felder und Höfe, »die Landwirtschaft« aber gibt es nicht.

So finden sich in der erfahrbaren Wirklichkeit nur die konkreten Verkörperungen, die durch den Staat definiert werden, ihn aber jeweils nicht vollständig, sondern nur zum Teil definieren.

Ein Gefängnis definiert den Anspruch auf das Gewaltmonopol des Staates, eine Schule verkörpert den Wunsch, im Sinne der Chancengleichheit allen Kindern Bildung zugänglich zu machen, und die Armee steht dafür, dass die Unabhängigkeit gegen Außen notfalls mit Waffengewalt verteidigt wird.

Das perfekte Abstraktum Staat findet kein perfektes Konkretum. Nicht einmal ein annähernd Perfektes, wie es etwa das Kreuz für das Christentum ist, ein Zeichen für die spezifische Heilserwartung, und gleichzeitig das Zeichen für den Weg, der zu diesem Heil führt.

Im Gegensatz zur Monarchie, wo der König durch seine Person den Staat verkörpert, gibt es in der Republik nichts, das den Staat umfassend repräsentiert. Das kann unter Umständen zu einem Problem werden, wie der Fall von Wikileaks und den veröffentlichten diplomatischen Depeschen zeigt. Denn wie kann ein Staat, der ausschließlich als Abstraktum existiert, so etwas wie eine Privatsphäre in Anspruch nehmen oder diesen Anspruch gar durchsetzen?

Der Staat, unser Staat, die schweizerische Eidgenossenschaft, sagt mit ihrem Zweckartikel ganz grundsätzlich aus, dass dieser Staat einen Zweck hat und kein Zweck ist. Der demokratische Staat ist nicht Selbstzweck.

Die Schweizerische Eidgenossenschaft soll Interessen durchsetzen, die auf andere Weise nicht oder nur unzureichend durchgesetzt werden können.

Wenn nun also dieser Staat einen Zweck verfolgt, und falls die Schweizerische Eidgenossenschaft aus verschuldeten oder unverschuldeten Gründen nicht mehr in der Lage sein sollte, oder falls eine andere Körperschaft besser in der Lage wäre, diesen Zweck zu erfüllen – was müsste dann geschehen? Wir müssten wohl, um der Bundesverfassung gerecht zu werden, einen neuen Staat gründen, um die übergeordneten Ziele, nämlich die Freiheit und die Rechte des Volkes, zu schützen und die Unabhängigkeit und die Sicherheit des Landes zu wahren.

Wir müssten einen neuen Staat gründen, so wie wir neue Schuhe besorgen müssen, wenn die alten ihren Zweck nicht mehr erfüllen. Jedenfalls würde uns das die Vernunft befehlen. Aber mit der Vernunft ist es so eine Sache.

Wir hängen nicht nur unseren Verstand, wir hängen auch unser Herz an Dinge. Ich besitze Schuhe, die ich längst wegwerfen müsste, aber ich habe mich an sie gewöhnt, ihr Anblick gibt mir ein vertrautes Gefühl, sie sind ein Teil meiner selbst geworden. Solange es irgend geht, werde ich sie zum Schuster bringen, zum Schuhmacher, wie wir Schweizer sagen. Ich habe für die Reparatur dieser Schuhe bereits mehr bezahlt, als mich ein neues Paar, ein gutes Paar, gekostet hätte. Mein Verhalten ist irrational, und eines Tages, ich weiß es, wird der Moment kommen, da ich sie aus dem Verkehr ziehen muss, dann, wenn sie zu sehr aus dem Leim gegangen sein werden und der Schuster eine neue Reparatur ablehnt. Dann werde ich sie wohl nicht gleich wegwerfen, diese Kameraden, diese treuen Gefährten, die mich so lange begleitet haben. Ich werde sie eine Zeitlang in einer dunklen Ecke meines Schranks verstauen. Und irgendeinmal, vielleicht bei einem Umzug oder einem Frühlingsputz, wird der Moment gekommen sein und ich werde sie in den Müll werfen. Sich von Dingen zu trennen, die man nicht jeden Tag unter den Augen hat, fällt leichter.

Eines Tages werden die Kosten den Nutzen meiner Schuhe übersteigen, und ich werde mir neue besorgen. Und falls ich tatsächlich nicht auf sie verzichten könnte, entweder eine Unsumme in ihren Erhalt investieren oder in Kauf nehmen würde, bei Regen nasse Füße zu bekommen und von den anderen Menschen scheel angeschaut zu werden, dann wäre es besser, ich würde mir über mich selbst und über meine Identifikation mittels eines Paars ausgelatschter Schuhe einige ernsthafte Gedanken machen.

Gibt es einen Zeitpunkt, an dem wir zugeben können, zugeben müssen, dass der Staat seinen Zweck nicht mehr erfüllt? Oder werden die Bürger an seiner Identitätsstiftung entgegen aller Vernunft festhalten? Es ist offensichtlich, dass einige der Probleme unserer Zeit durch die Schweizerische Eidgenossenschaft weder formuliert noch gelöst werden können. Die Wirtschaft orientiert sich immer weniger an Landesgrenzen, die Kriminalität ebenso wenig, die Verkehrs-, die Landwirtschaftspolitik werden heute in Gremien bestimmt, in denen unser Staat keine Stimme besitzt. Jeden Tag werden Gesetze erlassen, über die wir nicht befragt wurden, unser Staat ist faktisch aufgegangen in einem europäischen, in einem globalen Zusammenhang, der anstatt gestaltet zu werden, hierzulande immer noch normativ diskutiert wird. Aber das Wetter wird nicht besser, nur weil wir den Regen nicht mögen.

Wie gesagt: Im Zweckartikel wird die Differenz zwischen dem Staat und dem Land bestätigt, aber es stellt sich die Frage, wo dieses »Land« in der Wirklichkeit überhaupt noch zu finden ist. Ein großer Teil der Öffentlichkeit findet heute im Internet statt, wo die nationalen Grenzen keine Rolle spielen. Ich bin nicht sicher, ob alle Server der Schweizerischen Bundesverwaltung auf dem Territorium der Schweizerischen Eidgenossenschaft stehen. Jedenfalls haben wir noch keine Antwort gefunden, wie wir unser Gesetz durchsetzen wollen, wenn die Persönlichkeitsrechte, die ein Teil der Freiheit sind, die dieser Staat zu schützen beabsichtigt, auf einem Server verletzt werden, der zum Beispiel in Aserbeidschan steht. Sicherheitspolitik funktioniert nur zwischen den Staaten, was im Flugverkehr sehr deutlich zu erfahren ist. Kontrollen in Zürich-Kloten sind wenig sinnvoll, wenn sie an anderen Flughäfen fehlen.

Aber wir reden uns immer noch ein, dass gewisse Instrumente dieses Staates unsere Identität ausmachen. Dass der Franken und die direkte Demokratie Teil unserer Identität seien. Wir haben längst den Zweck dieser Instrumente vergessen. Wenn wir beim Beispiel der Schuhe bleiben: Einen Mensch, der den Schuh als Selbstzweck begreift, nennen wir einen Fetischisten. Der Fetisch ist seines Zweckes enthoben, er ist das, was er ist, durch sich selbst, und vor allem, das ist entscheidend, er ersetzt etwas Fehlendes: den abwesenden Gott, die Person, die nicht erfahren werden kann, die Macht, die wir verloren haben. Und ich glaube, dies ist das zentrale Problem. Wir verlieren unsere Macht als Bürger immer mehr. Die Bürger dieses Landes wissen, dass ihr Einfluss von Tag zu Tag schwindet und die Entscheidungen, die maßgebenden, andernorts gefällt werden. Und sie versuchen, an etwas festzuhalten, das ihnen Identität verspricht, weil sie es lange kennen, weil es ihnen vertraut ist, weil es Sicherheit verspricht und Gestaltungsmöglichkeiten. Und wir verwechseln den Aufruhr, der nach bestimmten Volksinitiativen entsteht, mit Wirkung. Wir glauben, die Heerscharen von Juristen, die sich eine völkerrechtskonforme Auslegung gewisser Vorlagen ausdenken müssen, seien ein Beweis für unsere Gestaltungsmacht. Wir sind dabei, unsere Rechte zu einem Selbstzweck zu machen, zum Instrument der Vergewisserung, dass wir, wenn uns sonst nichts bleibt, über das wir bestimmen könnten, immer noch die direkte Demokratie und das Initiativrecht haben, die unsere Eigenart definieren.

Ich würde mir wünschen, dass wir unseren Staat wieder mehr als Zweck begreifen und nüchtern prüfen, ob seine Mittel noch tauglich sind.

Ode an die Lehrer

Meine sehr verehrten Damen und Herren
Zuerst möchte ich Ihnen herzlich gratulieren
zu diesem bestandenem Diplom

Eine Befähigung
für keinen beliebigen Beruf
ein Diplom für die wichtigste Tätigkeit
die unsere Gesellschaft zu vergeben hat
Die Erziehung und Bildung unserer Kinder

Das ist eine große Verantwortung
Und ich möchte Ihnen auch als Vater
herzlich danken
dass Sie sich ihr stellen wollen

Und dies in einer Zeit
die oft behauptet
eine Wissensgesellschaft zu sein
jenen aber
die dieses Wissen vermitteln
selten die notwendige Unterstützung
die notwendige Wertschätzung
den notwendigen Respekt entgegenbringt

Ich finde
solange diese Gesellschaft
an der Schulpflicht festhält
und der Bildung einen hohen Stellenwert einräumt

hat sie die Pflicht
den Lehrern die Anerkennung zu zollen
mit ordentlichen Arbeitsbedingungen
und ordentlichen Gehältern

Ich bin hier als Festredner eingeladen
und ehrlich gesagt
fühle ich mich leicht unwohl
ein bisschen betreten sogar
Denn eigentlich bin ich für eine solche Aufgabe
furchtbar unqualifiziert

Meine eigene schulische Karriere
war bekanntlich nicht gerade das
was man erfolgreich nennt

Nein, die Schule und ich
das ist wirklich kein Liebesverhältnis

Ich hasste die Schule
Aber ich liebte meine Lehrer
Das ist etwas seltsam, ich weiß
Aber grundsätzlich kein Widerspruch

Ich brauchte keinen Stundenplan
Ich brauchte keinen Lehrplan
Ich brauchte keine Pulte
Ich brauchte keine Prüfungen

Was ich hingegen nötig hatte
das waren Lehrer

So wie diesen Stellvertreter in der siebten Klasse
ein Mann mit Bart
der uns Gedichte vorlas

Nicht etwa
weil sie im Lehrplan standen
Er las uns Gedichte vor
weil er Gedichte liebte
Gedichte waren ihm wichtig
lebenswichtig
Und er teilte im Grunde auch keine Gedichte mit uns
Er teilte seine Liebe
Er teilte seine Leidenschaft

Und wenn ich mir einige Gedichte merken konnte
Harlem von Ingeborg Bachmann
Ich lebe mein Leben in wachsenden Ringen
von Rainer Maria Rilke
dann weil ich spürte
wie diese Gedichte unseren Lehrer berührten
und diese Berührung wollte ich auch erleben

Die Begeisterung meines Lehrers
weckte meine eigene Begeisterung

Dieses Prinzip wirkte nicht nur bei der Literatur
für die ich vielleicht von Natur
aus eine gewisse Prädisposition besaß
Dieses Prinzip wirkte auch bei Fächern
die mir zuwider waren
Etwa im Sport

Zuwider ist das falsche Wort
Hass wäre treffender

Ich hasste das Turnen
Die Reckstangen
Die Schwedenkästen

Die Stafetten
Die Dauerläufe

Das alles boykottierte ich eines Tages
Ich machte einfach nicht mehr mit
Und deshalb gehöre ich zu den wenigen
die im Turnen
eine Drei im Zeugnis stehen haben

Ich hasste also Sport
und wäre beinahe dafür verloren gewesen
Dick
fett
und mittlerweile herzkrank

Aber da gab es diesen Lehrer
Und der hatte dieses Fahrrad
Ein Tourenrad
Nabendynamo
Halogenscheinwerfer
Kartenhalter
Satteltaschen

Ein Rad
mit dem man die Welt erobern konnte
Was dieser Lehrer auch gemacht hatte
Bis nach Spanien war er damit gekommen
und einmal sogar ans Nordkap

Im Unterricht zeigte er uns Bilder davon
von seinen Reisen an den Rand Europas

Ich wollte auch ans Ende der Welt reisen
ich wollte auch so frei sein
Nichts benötigen als ein paar gute Beine
Und ein gutes Rad

Ich suchte mir also Arbeit
In einer Bäckerei putzte ich Bleche
und erstand mit dem verdienten Geld ein Rad

Bis nach Spanien bin ich damit nicht gekommen
Und auch nicht bis ans Nordkap
Aber ich habe jede Straße
jeden Weg und
jeden Hügel und
jeden Pass
im Umkreis von dreißig Kilometern abgefahren
Tagelang bis zur vollständigen Erschöpfung

Diese Liebe ist mir geblieben
Sport ist mir immer noch fremd
Aber ich liebe mein Rad

Nein
Eine Schule habe ich nicht gebraucht
Eine Schule habe ich nie vermisst
Aber ich weiß nicht
Was aus mir geworden wäre
wenn meine Lehrer ihre Leidenschaften nicht mit mir
geteilt hätten
Ihre Leidenschaften
aber auch ihren Ärger
die Angst und das Staunen

Wie jener Lehrer
der uns ein bestimmtes Buch vorlas
Und zwar *Bobik im Feuerofen*
von einem gewissen Wladimir Lindenberg
die autobiografische Geschichte eines adeligen Jungen
während der russischen Revolution

Der Titel bezog sich auf ein Spiel
mit dem die Familie Bobiks
die Bibelstelle auswählte
die man sonntags am Kamin lesen und diskutieren wollte
Jemand nahm eine Stecknadel
und stach sie irgendwo
in den Buchblock zwischen die Seiten

Und einmal
traf es die Stelle mit den drei Männern
von denen der König Nebukadnezar
im alten Babylon verlangte
sie sollten abschwören von ihrem Glauben

Und da sie es nicht taten
steckte er sie in den Feuerofen

Aber ihr Gott behütete sie
und sie entstiegen dem Feuer
unverletzt
unversehrt
ein Bild für die Situation dieses Kindes
Für Bobik
der in den Feuerofen der Revolution geriet

Und um uns dies zu demonstrieren
nahm der Lehrer ebenfalls eine Bibel
Er nahm ebenfalls eine Stecknadel
Er tat
was im Buch beschrieben war
und schlug die Stelle auf
die ihm die Stecknadel gezeigt hatte
Es war das Buch Daniel, Kapitel 3
Die Geschichte von Schadrach und

Meschach und von Abed-Nego
Die drei Männer
die dem Feuerofen entkamen

In diesem Moment
im Gesicht des Lehrers
in seinem Staunen
in seiner Ergriffenheit
habe ich mehr über die Wahrscheinlichkeit erfahren
als mir die Mathematik je hätte beibringen können
mehr über den Aberglauben
und über das Walten des Heiligen Geistes
als es der Religionsunterricht jemals vermocht hätte

Meine Schule war eine Tragödie
Die Schule ist an mir gescheitert
Aber meine Lehrer waren sehr erfolgreich

Es war eine Kränkung
Die Kränkung einer Lehrerin
die mir das erste Buch
die mir den ersten Roman geschenkt hat
Die Kränkung durch eine schöne Frau
in einem goldenen Mazda
Fräulein Bovet
hieß sie
meine erste große Liebe
in der dritten Klasse
da war ich neun

Sie war es
die mir ein kleines Land im Herzen Afrikas nahebrachte
Das Land der tausend Hügel
Das Land des ewigen Frühlings

Ein Land
wo das Leben noch rein war
unverdorben von der Zivilisation
Arm
aber unverdorben

Sie zeigte uns
wie die Menschen dort lebten
Sie machte uns mit einer Familie bekannt
der Familie Nahimana
in einem bunten Bilderbuch

Wir erfuhren
wie man in diesem Land Brot bäckt
Und was man aus einer Kalebasse
alles schnitzen kann
Ein Gefäß
Ein Musikinstrument
Ein Spielzeug

Für mich wurde dieses kleine Land
zum Sehnsuchtsort
Die Sehnsucht nach der Ferne
Die Sehnsucht nach dem Ursprung
Die Sehnsucht nach der Verbundenheit
mit der Natur
und mit dieser sanften, schönen Frau
unserer Lehrerin

Und jedes Mal
wenn ich in meiner Kindheit von Afrika hörte
dachte ich an sie
an das Bild
das sie uns von diesem Kontinent geschenkt hatte

Viele Jahre später
ich war schon erwachsen
begegnete ich diesem Land wieder
Aber jetzt war es kein Sehnsuchtsort
Kein Land der Unschuld
Das war es nie gewesen
das musste ich jetzt lernen
auch nicht damals
als Fräulein Bovet uns davon erzählte

Schon damals hatte es dort
nicht nur tausend Hügel gegeben
sondern auch tausend Massaker

Nicht Liebe regierte das Land
sondern ein Diktator

Und die Menschen lebten nicht in Einheit
Sie lebten getrennt und in Apartheid

Schon damals das Gegenteil eines Paradieses
und nahe jener perfekten Hölle
die man nun täglich im Fernsehen
vor Augen geführt bekam

Zu Hunderttausenden brachten sie
ihre Brüder und Schwestern um

Mit Macheten und mit Handgranaten
Frauen, Kinder, Alte, ohne Unterschied

Und aus jener freundlichen Familie Nahimana
die uns das fröhliche *Muraho* zugerufen hatte
das war ziemlich wahrscheinlich
waren nun gewöhnliche Mörder geworden

Aber das Bild
das Fräulein Bovet uns gezeigt hatte
die Idylle, der Friede, das Glück
ließ sich nicht vertreiben

Und ich hatte zwei Bilder im Kopf
Zwei Bilder und eine Frage

Warum hat sie uns damals nichts davon erzählt
Warum nichts von den Problemen
Nichts von den Ungerechtigkeiten
Nichts von der Diktatur

Und um eine Antwort zu finden begann ich zu lesen
Aber ich fand das Buch nicht
das mir meine Kränkung erklärte
Dieses Buch musste ich selber schreiben

Die Enttäuschung einer kindlichen Hingabe
eines kindlichen Vertrauens
Wenn Sie so wollen
wurde zum Motor eines Schriftstellers

Eine Schule habe ich nicht gebraucht
Aber ohne Lehrer wäre ich ärmer

Und deshalb möchte ich Sie aufrufen
Kümmern Sie sich nicht nur um Lehrpläne
Nicht nur um Fachdidaktik und Evaluationen
Und Evaluationen der Evaluationen

Das ist den Kindern alles einerlei
Sie brauchen keine Systeme
Kinder brauchen keine Schule

Aber sie brauchen Lehrer
Die Kinder brauchen Sie
Ihre Leidenschaften
Ihre Begeisterung
Ihr Unverständnis
und auch Ihren Ärger und die Angst
Kinder brauchen Erwachsene
die ihnen zeigen
wie das gehen könnte
dieses Spiel
ein Mensch zu werden

Ode an die Schüler

Guten Nachmittag
Herzliche Gratulation auch von meiner Seite
Sie haben die Matura bestanden
Das ist keine kleine Leistung
(Mir jedenfalls ist das nie gelungen)

Eine große Sache
ohne Zweifel
auf die Sie zu Recht stolz sein können

Und doch
wenn Sie mir diese Bemerkung erlauben
etwas Besonderes ist so eine Matura nicht

Mit Ihnen werden dieses Jahr etwa
19 000 Gymnasiasten die Matura bestehen
Und das allein in der Schweiz
In Deutschland sind es weitere 300 000
Und in China
verlässt jedes Jahr eine halbe Million Ingenieure die
Universitäten

Jeder dieser 19 000 Maturanden
hat so ziemlich dieselben Bücher gelesen wie Sie
Die Lehrer haben ihnen so ziemlich dasselbe erzählt
wie sie es Ihnen erzählt haben
Tag für Tag die letzten Jahre

Man kann also davon ausgehen
Jeder stellt sich mit ähnlichen Waffen diesem Kampf
Dem Kampf, den man das Berufsleben nennt
Ja, das sagt man von unserer Zeit
Es sei ein Kampf
Man müsse sich bewähren
Niemals nachlassen
im Wettstreit mit den Konkurrenten

Alle hungrig
Die meisten leistungsbereit
Zu allem entschlossen
wenn es einen Vorteil bringt

Und falls Ihnen das Wort *Kampf* übertrieben erscheint
Ein Wettbewerb bleibt es doch
dem Sie sich werden stellen müssen
Das ist kaum zu bestreiten

Ein Wettbewerb um Studienplätze
Ein Wettbewerb um Aufstiegschancen
Ein Wettbewerb um ein bisschen Licht an der Sonne

Sie sollten sich also bereithalten

Die Frage bleibt allerdings
welche Mittel Ihnen zur Verfügung stehen

Sie haben verschiedene Möglichkeiten

Zum Beispiel
Sie müssen mehr leisten als die anderen
Mehr arbeiten
Mehr lernen
Früher aus den Federn
Weniger feiern
Härter arbeiten

Ob Sie damit Erfolg haben?
Keine Garantie

Ich möchte Ihnen etwas anderes vorschlagen
Einen anderen Weg
Eine andere Möglichkeit
Sie verlangt nicht weniger
ist nicht leichter
und auch nicht einfacher

Lassen Sie mich zuerst etwas feststellen
Ein wissenschaftliches Faktum

Obwohl ich Sie nicht kenne
weiß ich eine Sache ganz bestimmt
Die Matura ist vielleicht nichts Besonderes
Aber Sie
Sie sind etwas Besonderes
Jede und jeder von Ihnen ist einzigartig

Und ich meine das jetzt nicht im Sinne von
Man sitzt unter einem Kirschbaum im Frühling
und haucht seiner Liebsten ins Ohr
Ach, du bist so einzigartig
Nicht so

Es ist die Wissenschaft, die das beweist
Genauer gesagt
Die Wahrscheinlichkeitsrechnung

Seit Anbeginn der Zeit
sind noch keine zwei identischen Schneeflocken
auf die Erde gefallen
Und seit dem Ursprung
hat es noch keine zwei gleichen Menschen gegeben

Sie können sich darauf verlassen
Sie sind einzigartig
Punkt

Falls Sie also in naher Zukunft
zu einem Vorstellungsgespräch eingeladen werden
und Sie der Personalchef fragt
warum er gerade Sie einstellen soll
dann können Sie ohne zu lügen entgegnen
Weil ich einzigartig bin

Und es ist nicht nur Ihr Genpool
der Sie einzigartig macht
es sind auch Ihre Erfahrungen

Wie Sie aufgewachsen sind
ist noch nie jemand aufgewachsen

Was Sie gesehen haben
hat noch nie jemand gesehen

Wie Sie auf die Welt schauen
hat noch nie jemand auf die Welt geschaut

Einzigartigkeit ist ein unerhörtes Privileg
Aber sie bedeutet auch Verantwortung
Und manchmal sogar eine Last

Zu der eigenen Einzigartigkeit zu stehen
ist alles andere als einfach
Zu den eigenen Gefühlen
Zu den eigenen Fähigkeiten
Zu einer eigenen, einzigartigen Meinung

Vielleicht haben Sie es schon erlebt
wie schwierig es sein kann

bei seiner eigenen Meinung zu bleiben
wenn zum Beispiel die ganze Klasse eine andere vertritt

Zu sagen
auch wenn Ihr alle etwas anderes sagt
auch wenn ich damit alleine bin
Ich bleibe dabei

Es ist schwierig
zu seinen eigenen Gedanken zu stehen
denn die Welt da draußen versucht mit aller Kraft
Ihnen genau das abzugewöhnen

Die Wirtschaft sagt
Ihr sollt alle dasselbe kaufen
Die Kirche sagt
Ihr sollt alle dasselbe glauben
Die Politik sagt
Ihr sollt alle dasselbe meinen

Wenn Sie nicht auf Ihrer Einzigartigkeit bestehen
werden Sie auf weniger Schwierigkeiten treffen
Sie werden leichter durchs Leben gehen
Mit weniger Konflikten
mit weniger Scherereien
ruhiger
komfortabler
sicherer
Mehr Geld und weniger Probleme

Aber lassen Sie uns einen Moment dabei bleiben
Bei den Problemen

Die meisten gehen ihnen aus dem Weg
Niemand mag Leute, die Probleme machen

Probleme sollen gelöst werden
Und Sie werden in Zukunft oft aufgefordert werden
ein bestimmtes Problem zu bewältigen

Das ist verständlich
denn
Was ist besser
als ein gelöstes Problem?

Ich behaupte
Es gibt etwas Besseres
Besser als ein gelöstes altes
ist ein ungelöstes neues Problem

Ich möchte Ihnen dafür einige Beispiele geben

Zu Beginn des sechzehnten Jahrhunderts
lebte in Frauenburg in Preußen
ein gottesfürchtiger Mann
Von Beruf war er Domherr
Ein Mann der Kirche
Aber in seiner Freizeit beobachtete er die Sterne

Die Menschen seiner Zeit waren der Meinung
dass die Erde den Mittelpunkt des Universums darstelle
und sich demnach die Sonne um die Erde drehe
Alle vertraten diese Meinung
Ohne Ausnahme
Die Kirche
die Fürsten
die Wissenschaftler
Es stand so in den Büchern
und in den Erlassen
und wer etwas Anderes behauptete
der lebte gefährlich

Diese Meinung galt nicht als Meinung
Sie galt als Tatsache
Verrückt, wer etwas anderes behauptete

Dieser Mann aber schloss die Bücher
und er verschloss seine Ohren
Er hörte nicht mehr auf das
was man ihn gelehrt hatte

Er schaute sich mit eigenen Augen
die Welt an und die Sterne
Und er machte sich seine eigenen Gedanken
und schrieb darüber ein Werk
De revolutionibus orbium coelestium
Erschienen im Jahre 1543

Und darin beschrieb dieser Nikolaus Kopernikus
ein Universum
das anders funktionierte
als alle behaupteten
Die Erde war darin nur ein Planet unter vielen
Die Sonne nur ein Stern unter vielen

Und was meinten die Anderen?
Die Fürsten und die Herren der Kirche?
Dankte man diesem Kopernikus?
Erwies man ihm die Ehre?

Nein
Sie sagten
Kopernikus
du machst Probleme
Kopernikus
du solltest besser schweigen

Die Welt funktionierte tadellos
ohne dieses neue kopernikanische Problem
Man hatte es sich schön eingerichtet
Es hatte alles wunderbar funktioniert mit dem alten
System
Bevor dieser Mann kam
mit seinem neuen Problem

Die Erde nicht mehr im Zentrum des Universums
Was für eine unerhörte Kränkung
Was für eine unerhörte Beleidigung

Das Problem von Kopernikus
war so groß
dass man es weghaben wollte
und mit dem Problem jeden
der sich dazu bekannte

Man schickte sie auf den Scheiterhaufen
wie Giordano Bruno
Man hieß sie von diesen Ideen abschwören
wie Galilei

Aber nichts half
Das Problem war in der Welt
Und da ist es geblieben

Nicht nur in der Wissenschaft
haben es neue Probleme schwer
Auch in der Kunst
sieht man sie in der Regel nicht gerne

Zu Beginn des zwanzigsten Jahrhunderts
stellte ein junger Ire fest
dass sich die moderne Welt nicht mehr darstellen ließ

mit den alten Erzählformen
Eine zerbrochene Welt lässt sich nicht darstellen
in einer geschlossenen Geschichte

Und er zerbrach die alten Strukturen
und setzte sie neu zusammen
und setzte der Welt einen Roman vor
der für die Wenigsten zu verstehen war
eine Zumutung
auch heute noch
für jeden der sich diesem Problem stellt
diesem Problem
diesem Roman
Ulysses von James Joyce

Und auch in der Politik kennt man diese Troublemaker
Leute, die nur Probleme suchen

An der Universität München etwa
im Jahre 1943
als eine junge und eigensinnige Frau
Flugblätter in den Lichthof der Universität warf
auf denen sie die Meinung vertrat
entgegen der Meinung von gleichgeschalteten Millionen
dass die Freiheit der Rede
die Freiheit des Bekenntnisses
der Schutz des einzelnen Bürgers
vor der Willkür verbrecherischer Gewaltstaaten
die Grundlagen des neuen Europas seien

Sophie Scholl bereitete damit vielen ein Problem
Den Nationalsozialisten
die um ihre Macht fürchteten
Der Universitätsleitung

die sich erklären musste
Ihrer eigenen Familie
die bedroht wurde
und schließlich
und nicht zuletzt
sich selbst

Wie jüngst ein unbedeutender Mitarbeiter
eines amerikanischen Geheimdienstes
der uns allen seit einem Jahr große Probleme macht
Weil wir jetzt nicht mehr sagen können
wir hätten es nicht gewusst
dass wir überwacht werden
dass unser Privatleben
das Recht auf Geheimnisse
die Grundlage der bürgerlichen Freiheit
angegriffen werden
jedesmal
wenn wir den Browser starten
jedesmal
wenn wir einen Eintrag auf Facebook machen
Twitter und
Instagram
Jedesmal
wenn wir in unseren Smartphones
die Ortungsdienste aktivieren
Ohne diesen Edward Snowden
hätten wir eindeutig ein paar Probleme weniger
Wir könnten ruhiger schlafen

Aber vielleicht geht es Ihnen ja wie mir

Es sind diese Menschen und ihre Probleme
die mich inspirieren
die mich die Welt anders sehen lassen
Und wenn jemand die Menschheit beschuldigt
sie sei korrupt und verdorben
sie sei grausam verantwortungslos
mit sich und der Umwelt
dann nenne ich zur Verteidigung dieser Menschheit
die Namen einiger einzigartiger Menschen
Nikolaus Kopernikus zum Beispiel
James Joyce und
Sophie Scholl und
Edward Snowden
zum Beispiel

Diese Problemverursacher
haben teuer bezahlt
Man hat sie verbrannt
wie Giordano Bruno
Ermordet wie Sophie Scholl
Zu Flüchtlingen gemacht
wie diesen Edward Snowden

Verstehen Sie mich nicht falsch
Ich will Sie nicht zu einem Opfergang aufrufen

Aber wenn ich mir die Welt von heute ansehe
dann will es mich dünken
wir könnten ein paar neue Probleme brauchen
Neue Sichtweisen auf das Universum
Neue Sichtweisen auf die Art
wie wir zusammenleben wollen

Und von wem sonst sollten diese kommen
als von Ihnen?

Stellen Sie sich nur einen Menschen vor
der vor zwanzig Jahren gestorben ist
Einen Menschen
der zu Beginn des letzten Jahrhunderts geboren wurde
Und nehmen wir an
es sei ein Mensch gewesen
der einige Probleme gelöst hat
und der jetzt
für einen Tag zurückkommen würde
Was er über seine Zeit dachte und wusste
was er für richtig hielt
nichts davon hätte heute noch eine Gültigkeit

Ich möchte Ihnen Mut machen
Falls Sie auf Widerstand stoßen werden
Falls Sie sich alleine fühlen sollten
Falls man Sie für einen Idioten halten sollte
dann möchte ich Sie bitten
dann sollen Sie sich in Erinnerung rufen:
Was diese Welt am Nötigsten braucht
ist Ihre Einzigartigkeit

Keine Alternative?

Rede zum Writers in Prison-Day 2010

Über den Begriff »Freiheit« nachzudenken, dazu öffentlich und in Gegenwart eines Autors wie Déo Namujimbo, der in seiner Heimat Kongo verfolgt und mit dem Tod bedroht wird, muss einen Schweizer Schriftsteller in Verlegenheit stürzen, und das aus einem ganz bestimmten Grund.

In wenigen Tagen wird es zwanzig Jahre her sein, seit Friedrich Dürrenmatt seine berühmteste Rede gehalten hat, die Rede zur Verleihung des Gottlieb Duttweiler-Preises an den tschechischen Schriftsteller, Dissidenten und Staatspräsidenten Václav Havel. In dieser Rede formulierte Dürrenmatt eine Metapher, welche die Diskussion über Freiheit und den Zustand der Schweiz auf Jahre hinaus prägen sollte, die Metapher von der Schweiz als Gefängnis, in dem die Insassen gleichzeitig ihre eigenen Wärter seien.

Wenn man einmal vom Inhalt dieser Metapher absieht, falls Metaphern überhaupt einen Inhalt haben, wenn man also weder über ihren Wahrheitsgehalt, noch über die Stimmigkeit oder ihre literarische Prägnanz diskutieren will, so, wie es seither in Essays, Kolumnen, Pamphleten, Leitartikeln getan wurde, dann kann man ganz allgemein festhalten, dass jede Metapher, die in der Vergangenheit ein gewisses, wie auch immer geartetes öffentliches Echo ausgelöst hat, für einen Menschen, der über die menschliche Sprache nachdenkt, eine Kalamität bedeutet.

Die Tradition hat es hierzulande immer schwer gehabt (besonders die Tradition der Metaphern), und ich meine damit nicht die Tradition als Folge von Ritualen, sondern als Übung in der Disziplin des Erinnerns. Möglicherweise hat Jorge Luis Borges recht, wenn er in der Anmerkung zu seinem Buch *Evaristo Carriego* von 1930 behauptet, dass »nur die jungen Länder eine Vergangenheit haben; das heißt, eine autobiographische Erinnerung an sie; das heißt, sie haben eine lebendige Geschichte«.

Die Schweiz ist ein junges Land, gerade einmal einhundertzweiundsechzig Jahre alt, aber da wir diese Tatsache vergessen oder verdrängt haben, was auf dasselbe hinausläuft, und durch die Erinnerung an eine Vorzeit ersetzten, die nur in Legenden existiert, haben wir uns auch um eine lebendige Geschichte gebracht, um die Gegenwärtigkeit des Vergangenen. Doch dies nur am Rande.

Zwanzig Jahre lebt diese Metapher von der Schweiz als Gefängnis schon in unseren Köpfen, entwickelt sich zu einer Tradition, die man ablehnt oder befürwortet, zu der man sich jedenfalls über kurz oder lang zu verhalten hat. Aber was ist es, was uns an ihr herausfordert? Weniger ihr Sinngehalt, mehr die Unverschämtheit. In der Gegenwart eines Menschen, Havels, dem dieser Begriff Freiheit nicht eine gute oder schlechte Metapher war, sondern ein gestohlenes Gut, sich sophistisch über einen Begriff zu kaprizieren, der diesem Menschen, und nicht nur ihm, einem ganzen Volk, einem ganzen Weltteil, vierzig Jahre lang vorenthalten wurde, sei unpassend. Der Fette hat sich beim Hungernden nicht über Appetitlosigkeit zu beklagen. Da wir, in diesem Land, tatsächlich frei seien, sei es unangebracht, sich darüber zu beklagen, dass wir der Freiheit nicht gewachsen seien. Der Hauptvorwurf lautet seither nicht, die Metapher sei unstimmig, sie sei einfach unanständig.

Ich mag nicht spekulieren, ob die Freiheit als solche unanständig sei, und ich mag auch nicht darüber spekulieren, ob jeder, der in diesem Land lebt und nicht als unanständig bezeichnet werden will, in Demut und Dankbarkeit das Haupt zu senken und zu schweigen habe.

Ich habe einen Vorschlag zu machen: Lassen Sie uns diese Rede einmal betrachten, ohne sie zu bewerten. Lassen Sie sie uns, für einen Augenblick, als das studieren, was sie tatsächlich ist: ein literarisches Zeugnis und ein historisches Artefakt. Vielleicht gelingt es uns dann, mit dieser Rede, oder mit Teilen davon, ins Gespräch zu kommen, ohne uns angegriffen zu fühlen, ohne sie verteidigen oder angreifen zu müssen.

Wenn wir zitieren, zitieren wir auf eine bestimmte Weise. Ein Zitat gibt sich den Schein des Faktischen, aber tatsächlich dient es immer einer These. Wenn ich also Dürrenmatt zitiere, ist es vielleicht interessant zu erfahren, was und wie er selbst zitiert, und tatsächlich lässt er in einem langen Abschnitt Havel selbst zu Wort kommen, und zwar so:

> Es sieht nicht so aus, als ob die traditionellen Demokratien ein Rezept zu bieten hätten, wie man sich grundsätzlich der Eigenbewegung der technischen Zivilisation, der Industrie- und der Konsumgesellschaft widersetzen könnte. Auch sie befinden sich in ihrem Schlepptau und sind ihr gegenüber ratlos. Nur ist die Art, wie sie den Men-

schen manipulieren, unendlich feiner und raffinierter als die brutale Art des posttotalitären Systems. Aber dieser ganze statische Komplex der Massenparteien, die von professionellen Apparaten beherrscht werden und den Bürger von jeglicher konkreter und persönlicher Verantwortung entbinden, diese ganzen komplizierten Strukturen der versteckt manipulierenden und expansiven Zentren der Kumulation des Kapitals, dieses allgegenwärtige Diktat des Konsums, der Produktion, der Werbung, des Kommerzes, der Konsumkultur, diese ganze Informationsflut – all dies, schon so oft analysiert und beschrieben, kann man wahrhaftig nur schwer als eine Perspektive, als einen Weg betrachten, auf dem der Mensch wieder zu sich selber finde.

Was erstaunt: Havel beklagt schon damals, zu Beginn der neunziger Jahre des letzten Jahrhunderts, das allgegenwärtige Diktat des Konsums. Er litt bereits an der Informationsflut, die doch, verglichen mit heute, nichts anderes als ein Rinnsal gewesen sein kann. Und es erfüllte ihn mit Überdruss, wie oft diese Systeme analysiert worden seien, ohne dass sich dadurch etwas geändert habe. Und all dies, obwohl sich zu diesem Zeitpunkt der moderne Kapitalismus gerade erst in die Startblöcke zu seinem weltumspannenden Stafettenlauf begeben hatte.

Von einer Befreiung ist in seinen Zeilen nichts zu spüren. Hier spricht einer, dem das Joch des posttotalitären Kommunismus durch jenes des Kapitalismus ersetzt wurde. Und es ist offensichtlich, wie wenig Havel die kommende Entwicklung zur Diskussion stellt. Der Weg, den wir gehen müssen, scheint vorgegeben, nicht aus freier Wahl, sondern weil kein anderer zur Verfügung seht.

Die gesellschaftlichen Auseinandersetzungen, gerade in diesem Land, der Schweiz, in den vergangenen zwanzig Jahren waren heftig – es war, im Guten wie im Schlechten, keine friedliche Zeit. Doch jenseits aller gesellschaftlichen Konflikte gab und gibt es eine Übereinkunft, die nicht bestritten werden darf und die jeder gesellschaftliche Akteur akzeptieren muss, wenn er ernst genommen werden will: das Einverständnis, dass gewisse Entwicklungen ohne Alternativen seien.

So sei die Globalisierung ohne Alternative, weil die freie Marktwirtschaft ohne Alternative ist. Und deshalb war während der Finanzkrise die Rettung der maroden Banken durch die Staatshaushalte ohne Alternative. Und was ohne Alternative ist, bedarf auch keiner Diskussion.

Aber wo bleibt da noch unsere Freiheit? Die Freiheit der Bürger, die auch daran zu bemessen ist, wer über die Verwendung der erarbeiteten Vermögen entscheidet. Oder ist diese Frage unanständig? Aber steht nicht in der Präambel der Bundesverfassung, dass nur frei sei, wer seine Freiheit auch nutze?

Freiheit, so, wie sie in unseren Tagen definiert wird, ist selten ein Instrument der praktischen Vernunft, keine Befähigung zum Handeln. Sie gleicht einem quasi religiösen Prinzip, einem Ideal, das durch sich selbst gut ist, nicht durch die Folgen, die wir damit realisieren. Sie rechtfertigt die Beschädigung des modernen Wirtschaftssubjekts, dient als moralische Begründung für den flexiblen, den verbogenen Menschen. Das ist der

Common Sense, auch wenn es nur selten so deutlich formuliert wird wie kürzlich in einem Leitartikel der »Neuen Zürcher Zeitung«:

> Wenn wir hingegen dem ›Chaos‹ [damit ist die freie Marktwirtschaft gemeint; L. B.] mit Einzelmaßnahmen begegnen, wenn wir es überwinden und beherrschen wollen, begeben wir uns in einen Teufelskreis des Interventionismus und des Machens. Wir beschädigen die Funktionstüchtigkeit der Marktwirtschaft, ohne ihre unvermeidbare Volatilität, die konjunkturellen Einbrüche und Umbrüche, die Arbeitslosigkeit, die Preisausschläge, die Spekulation und vieles mehr auch nur annähernd in den Griff zu bekommen.

Die Freiheit dient hier der Funktionstüchtigkeit der Marktwirtschaft. Die negativen Folgen sind unangenehm, aber unvermeidlich. Aber was meint man genau, wenn man »unvermeidbare Volatilität« sagt, was meint man mit »vieles mehr«? Meint man damit die Ausbeutung des Ostkongos, meint man damit die zwei Millionen Toten, die dort in den letzten Jahren der Ausbeutung der Rohstoffe geopfert wurden und immer noch werden, und zwar, weil niemand die Funktionstüchtigkeit der freien Marktwirtschaft gefährden will? Oder ist die Umweltkatastrophe im Golf von Mexiko nach der Explosion der Ölplattform »Deep Water Horizon« eine solche Unvermeidlichkeit? Meint »unvermeidliche Volatilität« auch den Kollaps Griechenlands und Irlands, der doch nur eine Folge davon ist, dass niemand den befreiten transnationalen Geldströmen Dämme zu bauen bereit war?

Was hier und an vielen anderen Stellen formuliert wird, was wir als Credo der freien Marktwirtschaft verinnerlicht haben, ist nichts anderes als das Ende der Aufklärung, das Ende jenes geistesgeschichtlichen Projekts vom »Ausgang der Menschheit aus ihrer selbstverschuldeten Unmündigkeit«. Es ist das Ende jener Idee der Freiheit, die Immanuel Kant in der *Kritik der praktischen Vernunft* definiert hat und die Grundlage jeder freiheitlichen Verfassung ist: Freiheit bedeutet zu tun, was man kann, weil man es soll. Es ist das Ende einer Idee, die zuerst Platon in seiner *Politeia* formuliert hat, vor zweieinhalbtausend Jahren:

> Die Tugend untersteht keinem Herrn, und je nachdem jeder sie ehrt oder missachtet, wird er mehr oder weniger von ihr besitzen. Die Schuld fällt dem Wählenden zu. Gott trägt keine Schuld.

Nichts ist ohne Alternative, außer vielleicht der eigene Tod – und auch dies nur nach dem Stand der heutigen Forschung. Nichts ist unvermeidbar, und wer die Fatalität beschwört, der will sich damit der Verantwortung entziehen.

Zur Begründung für die Unmöglichkeit von Veränderung wird behauptet, die Systeme seien zu komplex geworden. Fass bloß nichts an, du machst es sonst kaputt! Ein Sermon, dem offensichtlich auch Václav Havel vor zwanzig Jahren bereits erlegen ist.

Doch das Problem ist nicht die Komplexität der modernen Demokratien. Die Motive der Ausbeutung sind nicht kompliziert. Gier ist nicht kompliziert, Verschwendung ist nicht kompliziert, Gleichgültigkeit ist nicht kompliziert. Mord und Vertreibungen sind nicht kompliziert. Im Gegenteil: Sie bezeichnen die größtmögliche Vereinfachung der menschlichen Existenz – die Reduktion auf Leben oder Vernichtung. Genauso wenig komplex ist unsere eigene Verstrickung, zum Beispiel in jenes Morden im Kongo, dem größten Massaker seit dem Zweiten Weltkrieg. Unsere Interessen liegen offen zutage.

Kompliziert ist allein die Verwirrung, in die uns diese Mitverantwortung führt. Kompliziert ist, dass wir einsehen, wie ungerecht der Wohlstand verteilt ist und dass wir gleichzeitig kaum bereit sind, etwas daran zu ändern. Kompliziert ist, dass wir unsere eigene Verantwortung abschieben auf ein System. Kompliziert ist, dass wir glauben, Freiheit besitzen zu können.

Der Mensch ist Bürger zweier Welten, jener, die ist, und der anderen, die sein könnte. Und wenn wir die Aufklärung retten wollen, das Erbe, das uns gegeben ist, das andere vor uns erkämpft haben, dann haben wir der Macht des Faktischen den Entwurf der Möglichkeiten gegenüberzustellen. Wir brauchen dafür unter anderem Zeitungen, die mehr sind als Investitionsobjekte. Wir brauchen Gespräche über Grenzen hinweg, die mehr wollen als die Vergewisserung der eigenen Privilegien. Wir brauchen Schulen, die in unseren Kindern mehr sehen als humanen Rohstoff. Wir brauchen eine Literatur, eine Kunst, von der wir mehr erwarten können als die zeitweilige Ablenkung von den Zumutungen des Alltags. Wir brauchen mehr von dem Bewusstsein, dass meine augenblickliche Freiheit nur das Gefängnis beschreibt, dem ich noch nicht entflohen bin. Denn frei können wir nicht sein, aber wir können uns befreien.

Nach uns die Amöben?

Tatsachen finden am schwersten den Weg ins menschliche Bewusstsein. Manchmal, weil sie zu schmerzlich sind. Und manchmal, weil sie unser Bild von der Welt, und wie sie zu funktionieren hat, zu sehr stören würden. Solche unangenehmen Tatsachen verstecken wir gerne hinter falschen Begriffen.

So reden wir vom *Sonnenuntergang*, obwohl wir seit fünfhundert Jahren, seit Kopernikus, wissen, dass es die Erde ist, die sich um die Sonne dreht. Genau genommen müssten wir vom abendlichen »Erduntergang« sprechen. Wir tun es nicht, weil wir immer noch gekränkt sind, nicht im Zentrum des Universums zu stehen. Es erschreckt uns, dass der Boden, auf dem wir stehen, nicht fest ist und die Erde schwindelerregend schnell durchs All rast.

Wenn also *Sonnenuntergang* unsere Angst und Eitelkeit versteckt – was verhüllen dann *Rohstoffverbrauch* und *Energieproduktion*?

Wer nämlich in der Physikstunde aufgepasst hat, weiß, wie falsch beide Begriffe sind. Aus dem Erhaltungssatz folgt, dass Energie weder produziert noch vernichtet werden kann. Mit der Materie verhält es sich ebenso. (Auch wenn wir der Genauigkeit halber festhalten müssen, dass wir unter gewissen Umständen Materie erschaffen können – aber nur aus viel Energie, aus sehr, sehr viel Energie. So viel, wie sie nur in den Teilchenbeschleunigern zur Verfügung steht – und auch dort entsteht aus unvorstellbar viel Energie unvorstellbar wenig Materie.)

Warum verschleiern wir diese Tatsachen durch falsche Begriffe? Warum wollen wir sie nicht wahrhaben?

Der Mathematiker und Wirtschaftswissenschaftler Nicholas Georgescu-Roegen, 1906 in Constanza, Rumänien, geboren, 1994 in Tennessee, USA, gestorben, wies in den siebziger Jahren des letzten Jahrhunderts darauf hin, dass die klassischen Theorien der Ökonomie von einer falschen Annahme ausgehen.

In der Nachfolge von Adam Smith begnügen sich die allermeisten Wirtschaftswissenschaftler damit, ihre Modelle nach dem mechanistischen Weltbild aufzubauen. In diesen Modellen sind die Prozesse linear, gleichförmig und umkehrbar. Arbeit lässt sich in Energie und diese wieder in Arbeit umwandeln. Wenn wir den Film eines schwingenden Pendels betrachten, können wir nicht sagen, ob dieser Film vor- oder rückwärts läuft.

Die Wirtschaftswissenschaften folgen diesem Prinzip. Etwa, wenn sie behaupten, dass sich aus einem Rohstoff, zum Beispiel Eisen, ein Produkt herstellen lasse, zum Beispiel Nägel, das man verkaufen könne, wodurch man Geld erhalte, mit dem man wiederum Eisen kaufen könne, um Nägel herzustellen. Die meisten wirtschaftlichen Konzepte funktionieren als Kreislauf, der Konjunkturzyklus zum Beispiel oder die wirtschaftliche Gesamtrechnung.

Doch es gibt keinen Kreislauf. Nicht in der Wirklichkeit. Das Perpetuum mobile ist unmöglich. Das folgt aus dem zweiten Hauptsatz der Thermodynamik und dem daraus abgeleiteten Gesetz der Entropie, dem Maß für die Unordnung in einem System.

Ob Energie oder Materie: Was in Arbeit umgewandelt wird, vergrößert die Entropie. Wenn wir Erdöl verbrennen, um unsere Wohnung zu heizen, dann geht keine Energie verloren. Aber sie wird in unserem Zimmer und der Atmosphäre verteilt und steht für eine weitere Nutzung nicht mehr zur Verfügung. Wir können unser Haus isolieren, eine sparsamere Ölheizung einbauen und dazu einen dicken Pullover anziehen. Das alles würde den Anstieg der Entropie verlangsamen. Aber niemals aufhalten. Schließlich brauchen wir zur Herstellung der Isolationsmatten, der besseren Ölheizung und auch für die Wolle des Pullovers ebenfalls Energie und Rohstoffe. Und vergrößern damit die Entropie.

Es ist natürlich möglich, die Unordnung in einem bestimmten System zu verkleinern. Der Goldbarren hat eine niedrigere Entropie als das ungeschürfte Gold in der Mine. Aber die Energie, die zur Gewinnung und Verarbeitung aufgewendet wurde, vergrößert die Entropie im Gesamtsystem trotzdem. Es ist nur die Frage, wo wir die Grenze ziehen.

Hohe Entropie bedroht unsere Lebensgrundlagen. Haushaltsmüll ist hohe Entropie, das CO_2 in der Atmosphäre ist sehr hohe Entropie, abgebrannte Brennelemente aus einer Atomanlage sind unverantwortlich hohe Entropie.

Wir Menschen sind auf geringe Entropie angewiesen, nur sie können wir nutzen. Die Ozeane haben riesige Wärmeenergie gespeichert, über die wir nicht verfügen. Geringe Entropie ist nicht nur ein knappes, vor allem ist sie ein endliches Gut. Mit jedem Produktionsschritt, mit jeder Konsumleistung, mit allem, was wir tun, um unsere Lebensbedürfnisse zu befriedigen, nimmt sie weiter ab. Auch die größte Effizienz und das vollständigste Recycling ändern nichts an dieser Tatsache. Selbst das Nullwachstum ist nach Georgescu-Roegen keine Lösung. Das Brot wird nicht ewig reichen, bloß weil die Schiffbrüchigen jeden Tag ein gleich großes Stück davon essen.

Für Ökonomen, die auf den technologischen Fortschritt hoffen und meinen, die Menschen hätten bei der Erschöpfung einer Energiequelle noch immer eine andere gefunden – für sie hat Georgescu-Roegen nur Spott übrig. Sie hätten einfach die Physik nicht verstanden. Auch von den Ökologen dachte er nicht besser. Ihm ging es um mehr als um die Lösung der Umweltprobleme. Er dachte grundsätzlicher über die Folgen der zunehmenden Entropie für das menschliche Leben nach.

Denn wenn wir mit jeder Aktivität die Entropie erhöhen, und da dieser Prozess nur eine Richtung kennt und außerdem das Maß niedriger Entropie endlich ist – wie können wir dann auf eine bessere Zukunft für unsere Kinder hoffen? In seinem Essay von 1972 *Energy and Economic Myths* hat er es drastisch formuliert: »Deshalb müssen wir in der Bioökonomie betonen, dass jeder Cadillac [...] weniger Pflüge für zukünftige Generationen und indirekt weniger menschliches Leben in der Zukunft bedeutet.« (Übersetzung L. B.)

Die Ungeborenen haben keine Stimme, um ihre Ansprüche geltend zu machen. Der Preis einer Ware oder Dienstleistung bildet nur die vergangenen, nicht die zukünftigen Kosten ab. Zum Teil ist es gelungen, dass die Unternehmen die externen Kosten internalisieren und für die Schäden, die sie am Gemeingut verursachen, aufkommen müssen. Vielleicht ein Weg zur Lösung der heutigen Umweltprobleme. Aber was ist mit den Kosten, die weit in der Zukunft liegen? Wie verrechnen wir die Rohstoffe, die den zukünftigen Generationen nicht mehr zu Verfügung stehen, weil wir sie bereits verbaut haben? Oder haben jene, die zuerst kommen, also früher geboren wurden, einfach Glück gehabt?

Unser mechanistisches Wirtschaftssystem bietet keine Antwort auf diese Fragen. Nicholas Georgescu-Roegen hat versucht, dieses unvollständige Bild zu korrigieren. Sein Erfolg war sehr bescheiden. Er blieb ein Außenseiter seines Fachs. Keines seiner Hauptwerke ist auf Deutsch übersetzt. Er erntete nicht etwa Widerspruch. Nein, man pflichtete ihm sogar bei. Aber man besaß keine Vorstellung, wie man seine Erkenntnisse vernünftig umsetzen könne. Im Gegensatz zu Georgescu-Roegen selbst, der dazu einige Vorschläge machte.

Zuerst forderte er die Einstellung jeder Rüstungsproduktion. Die Drittweltstaaten seien ferner in einer gemeinsamen Anstrengung auf ein gutes, aber nicht luxuriöses Niveau zu bringen. Das Bevölkerungswachstum müsse so weit beschränkt werden, dass alle Menschen durch ökologischen Landbau ernährt werden können. Dazu sei jeder Verbrauch von Energie strikt zu regulieren. Georgescu-Roegen war gegen jede Art von extravaganter Spielerei wie zum Beispiel Golfwagen oder Autos, die zwei Parkplätze benötigen. Ferner müsse sich die Menschheit von der Mode befreien, dieser

Krankheit des menschlichen Geistes, wie er seinen Kollegen Abbé Galiani zitiert. Es sei eine Geisteskrankheit, wenn man ein Möbel oder ein Kleidungsstück wegwerfe, das noch gebraucht werden könne. Und jedes Jahr ein neues Auto zu kaufen oder das Haus aufzumöbeln, sei ein bioökonomisches Verbrechen. Man habe deshalb langlebige Güter herzustellen, die man auch reparieren könne.

Es ist offensichtlich, dass solche Maßnahmen in eine Ökodiktatur führen müssten, in einen Staat, der die totale Kontrolle über den Einsatz der natürlichen Ressourcen hätte. Eine ungemütliche Vorstellung – und ein weiterer Beleg dafür, dass wir die Ausgestaltung unserer Zukunft besser nicht den Ökonomen überlassen sollten.

Aber auch wenn wir die politischen Folgerungen ablehnen, so bleibt doch Georgescu-Roegens Analyse im Kern richtig. Der Volksmund weiß es: Alles hat ein Ende, nur die Wurst hat zwei. Solange wir die Augen vor dieser Tatsache verschließen und weiter so tun, als verfügten wir über unendliche Ressourcen, als sei unbeschränktes Wachstum möglich, so lange werden wir unsere Probleme nicht lösen können. Nicht die Kriege, die zum Beispiel im Kongo um Rohstoffe geführt werden, nicht die Klimaveränderung, nicht die Umweltverschmutzung durch Erdöl und Radioaktivität, und sicher auch nicht die sich verschärfenden politischen Auseinandersetzungen um die gerechte Verteilung der natürlichen Ressourcen.

Georgescu-Roegen war ein Pessimist. Er glaubte nicht an die Umsetzung seiner Forderungen. Vielleicht, so beschließt er seinen Essay *Energy and Economic*

Myths, sei dem Menschengeschlecht eine kurze, hitzige und extravagante statt einer langen, ereignislosen und vegetativen Existenz beschieden. Und dann würden andere Arten ohne spirituelle Ambitionen – Amöben zum Beispiel – unsere Welt erben und im Sonnenlicht baden.

IV

Zeit und Raum

Wo bin ich hier?

Du bist an einer Universität.

Was ist das, eine Universität?

Eine Institution, die das Wissen bewahren, vermehren und verbreiten soll.

Und was habe ich hier zu suchen?

Du sollst eine Antrittsvorlesung halten.

Eine Antrittsvorlesung?

Damit gibt ein Professor sein Stelldichein an einer Universität. Er soll damit die Richtung vorgeben, die er mit seiner Arbeit einschlagen will.

Und das bin ich, ein Professor?

Ein Gast-Professor, ja.

Was ist ein Gast-Professor?

Ein Professor, der für eine beschränkte Dauer an einer bestimmten Universität das Wissen bewahren, vermehren und verbreiten soll.

Ich dachte, das macht die Universität?

Sie ist eine Institution und kann dies nicht selbst besorgen. Sie braucht Menschen dazu.

Sie braucht mich?

Bilde dir nur nichts darauf ein!

Ich soll das Wissen bewahren, vermehren und verbreiten?

Das wird erwartet werden. Macht dich das befangen?

Ein wenig, ja.

Zweifelst du an der Sinnhaftigkeit dieser Aufgabe?

Ganz und gar nicht. Die Aufgabe scheint mir wichtig und ehrenvoll zu sein. Ich weiß nur nicht, welches Wissen ich bewahren, vermehren, verbreiten soll.

Die Professur nennt die *deutschsprachige Poetik* als Gegenstand.

Die deutschsprachige Poetik. Feine Sache. Aber wie kommt man auf die Idee, dass ausgerechnet ich zu diesem Gegenstand etwas zu sagen habe?

Du hast dichterische Texte geschrieben und publiziert, oder etwa nicht?

Ja, aber das bedeutet nicht, dass ich etwas über die deutschsprachige Poetik zu sagen habe.

Immerhin schreibst du in deutscher Sprache. Deine Poetik ist also ein Teilgebiet dieser deutschsprachigen Poetik.

Ich soll über meine Poetik reden?
Gefällt dir das nicht?

Nun ja.

Nun ja?

Ich bin nicht sicher, ob sich das, was ich in eine Poetik fassen könnte, auf die deutsche oder auf die Sprache als solche beziehen würde. Ganz abgesehen davon, dass ich alles andere als sicher bin, überhaupt eine Vorstellung zu besitzen, was meine Poetik beinhalten könnte.

Du kokettierst.

Gewiss nicht. Ich erkenne in meiner Dichtung kein System, keine Ordnung, nichts, das ich kategorisieren könnte, keine Regel, kein Richtig und kein Falsch.

Und also?

Wenn ich den Zweck und die Funktion dieser Institution richtig verstanden habe, müsste doch genau das meine Aufgabe sein: Geltungsbereiche definieren, Felder abstecken, wann und wo eine gewisse Aussage ihre Gültigkeit hat; unter welchen Umständen ein gewisses Wissen als gesichert anzusehen ist – oder jedenfalls mit hoher Wahrscheinlichkeit davon ausgegangen werden kann, dass eine durch meine Poetik getroffene Annahme zutreffen wird. Denn schließlich soll Wissenschaft vorhandene Artefakte und damit die Vergangenheit ordnen. Sie will das Verhältnis zwischen Ursache und Wirkung entschlüsseln und dadurch die Vergangenheit lesen. Aber dazu bin ich nicht in der Lage, nicht, wenn es um meine Dichtung geht.

Warum nicht?
Das wird kompliziert …

Versuch es!

Es sind zwei Schritte, die zu verstehen sind. Die Bedingung meiner Vorstellung ist die Erfahrung, und die Bedingung der Erfahrung ist die Wahrnehmung. Was ich sehe, höre, schmecke, spüre, kann über die Erfahrung Teil meiner Vorstellungswelt werden. Allerdings finden die wenigsten Wahrnehmungen eine Form. Die meisten werden vergessen oder bleiben inaktiv, werden zu keinen Konkretionen. Welche Erfahrungen in der Vorstellung verbleiben, nach welchem Prinzip die Wahrnehmungs- in Vorstellungsinhalte verwandelt werden, welche Eigenschaften sie besitzen und auf welche Konstellationen sie treffen müssen, um zur Sprache zu werden – das kann ich nicht sagen. Vielleicht gibt es überhaupt kein solches Prinzip. Jedenfalls verstehe ich nicht, welche Ursachen welche Wirkungen zeitigen.

Und zweitens?

Wenn ich dichte, schöpfe ich aus meiner Vorstellungskraft. Für die Inhalte dieser Vorstellung suche ich Begriffe. Diese Begriffe beschreiben das, was ich mir vorstelle, manchmal besser, manchmal schlechter, aber niemals vollständig. Denn meine Vorstellungskraft ist immer konkret, niemals abstrakt; ich bin kaum in der Lage, in Abstrakta zu denken. Zur Beschreibung dieser konkreten Vorstellungsinhalte bleiben mir aber nur die abstrakten Begriffe. Und diese werden vom Leser wieder in konkrete Vorstellung übersetzt. Die Begriffe sind der Anstoß für diese Konkretionen, aber niemand weiß, welche Form sie beim Leser annehmen. Die Verwandlung abstrakter Begriffe, aus denen meine Dichtung besteht, in eine begehbare Vorstellung ist ein höchst individueller Vorgang, weil sie in der persönlichen Erfahrung gründet. Ich schreibe »Baum«, und der Begriff umfasst alle Bäume, doch jede Vorstellung macht daraus einen ganz bestimmten, einen singulären, einmaligen Baum mit einer einmaligen Form, und diese Vorstellung ist durch den Begriff nicht fixierbar, weil sie die Folge unserer Berührungen, unserer Betrachtungen ist, wie gesagt, eine Folge unserer Erfahrung.

Gut. Dann sprich über Erfahrung.

Über meine?

Warum nicht?

Weil dies die Institution des Wissens, nicht der Erfahrung ist.

Du bist hier Gast. Man wird gewisse Abweichungen von der Norm nicht als Verstoß gegen die gute Sitte verstehen, sondern als Bereicherung, als eine Erweiterung der Möglichkeiten, denen die Institution weder folgen, noch von denen sie sich angegriffen fühlen muss. Du wirst über kurz oder lang wieder verschwinden. Du wirst die Prozeduren nicht ändern können. Und ferner: Warum lässt du Erfahrung nicht als Teil des Wissens gelten?

Ich lasse sie gelten. Ich sage nur, dass sich die Erfahrung, von der die Dichtung spricht, in kein System bringen lässt. Ein System versucht im Gegenteil jede Erfahrung auszuschließen. Die Erfahrung wiederholt sich nicht, sie ist nicht in die Zukunft transponierbar, sie ist definiert durch das einmalige Auftreten. Was sich wiederholt, schafft keine Erfahrung. Sie lässt sich nicht systematisieren, sie besteht aus dem Unerwarteten, aus dem Unvorhergesehenen.

Aber warum nicht über die Bedingungen deiner Erfahrungen berichten?

Aus zwei Gründen, guten Gründen, wie mir scheint. Denn da die Bedingungen der persönlichen Erfahrungen, die sinnliche Wahrnehmung, grenzenlos sind und mit der Existenz zusammenfallen, müsste ich eine Auswahl treffen – und in was anderes als in Anekdoten könnte das münden? In Legenden des Nachhineins, die biografische Zusammenhänge konstruieren, nach Maßgabe der Erzählbarkeit und der effektvollen Pointe. Ich müsste also zusammenfassen, zuspitzen, kürzen – kurzum: dichten. Dagegen habe ich nichts, wie könnte ich. Aber dieser Text wäre keine Poetik, beschriebe nicht meine Dichtung, stünde nicht außerhalb von ihr, sondern wäre selbst eine Dichtung. Jenseits der Dichtung gibt es nichts, was vom Dichter über seine Dichtung gesagt werden könnte. Jedes Werk zeichnet eine Erfahrung nach, ist selbst eine Erfahrung und macht diese zugänglich. Und falls ich etwas über die Bedingungen dieser Erfahrung erzählen könnte – warum steht es dann nicht in meinem Text? Doch nur, weil es nicht Teil jener bestimmten Erfahrung jenes bestimmten Textes ist. Jeder literarische Text beansprucht Vollständigkeit in der Erschließung der Erfahrung, die er ermöglicht, er setzt sämtliche Bedingungen der möglichen Erfahrungen.

Und was ist mit den Bedingungen, die außerhalb des Textes liegen und ihn begründen, veranlassen, formen?

Von diesen Bedingungen handelt die Dichtung nicht. Jeder Bezug auf ein externes Zeichensystem wird sehr bald verlorengehen, in jeder Kunstform. Wenn wir ein Stillleben aus dem sechzehnten Jahrhundert betrachten, auf dem ein Schwan in einen Pfirsich beißt, werden wir diese Allegorie durch das Bild selbst nicht entschlüsseln können. Sie beruht auf einem Wissen, das nicht durch das Bild erfahrbar ist, sondern eine zusätzliche Kenntnis erfordert, jenes »andere«, von dem die griechische Wurzel des Begriffs »Allegorie« spricht. Diese »andere« ist uns verloren; wir wissen nicht mehr, was ein Schwan und ein Pfirsich für die Zeitgenossen des Malers bedeuteten. Und wenn uns das Bild trotzdem Freude macht, was durchaus möglich ist, dann ist es eine andere, nicht die Freude des Malers. Dasselbe gilt in der Literatur. Die Hinweise auf die Falknerei, die bei Shakespeare so häufig sind, vermögen wir ohne Hilfe von entsprechender Fachliteratur nicht mehr zu deuten. Wir haben diese Praktik aufgegeben und damit auch das Wissen verloren.

Trotzdem lesen wir Shakespeare.

Ja, weil die Erfahrungen von Shakespeares Figuren auch unsere Erfahrungen sind. Wir lesen ihn bestimmt anders als seine Zeitgenossen, aber die transportierte Erfahrung ist wesentlich genug, um sie auch heute zu verstehen. Und zwar deshalb, weil sich diese Erfahrungen nicht auf Shakespeares spezifische Bedingungen beziehen. Diese Bedingungen haben nichts mit Shakespeares Person zu tun, nichts mit seiner Biografie, nichts mit seinem Zeitalter, mit nichts, was Shakespeare jenseits seiner Literatur hätte zur Sprache bringen können. Es sind die Bedingungen der menschlichen Existenz, jenseits der biografischen Fiktionen, von der diese Erfahrung erzählt, was in Shakespeares Fall ja ganz besonders deutlich in der lächerlichen und unerheblichen Suche nach seiner wahren Identität zum Ausdruck kommt.

Und was wären die existenziellen Bedingungen der Erfahrung?

Das, was nicht reduzierbar ist, was durch alle kulturellen Unterschiede gleich bleibt: das Bewusstsein für Raum und Zeit. Dies sind die beiden Parameter der menschlichen Existenz. Der Raum: Wir Menschen sind Körper, eine Ausdehnung im Raum: wir müssen uns bewegen, um von einem Ort zum anderen zu gelangen, wir können nicht gleichzeitig hier und dort sein – und dort, wo ich bin, kann gleichzeitig niemand anders sein. Wir sitzen in unseren Körpern fest. Wir begegnen uns und gehen auseinander, wir legen uns hin, stehen auf, treten ein, treten entgegen, tauchen auf, gehen unter, erheben uns, wir nehmen Platz ein, verstecken uns, und wir wissen, dass unsere Verletzlichkeit und gleichzeitig unsere Macht in der Tatsache der physischen Präsenz liegt. Wir werden eingesperrt, ausgeschlossen, zurückgehalten. Wir besetzen einen Ort und weichen nicht, bis die Herrschaft in unseren Händen liegt. So, mit dieser basalen, primitiven Methode wird auch heute noch Macht durchgesetzt und werden Revolutionen verwirklicht. Die staatliche Macht ist die Verkörperung der Abwesenden, die sich jederzeit im Raum versammeln können und übereingekommen sind, sich nicht zu einer Masse zu vereinen, sondern die Macht der latenten Physis den Institutionen zu überschreiben. Die Masse verzichtet auf ihre Präsenz, sie lässt sich repräsentieren. Doch sie behält die Macht über den einzelnen Körper, sie hat sich in das Gewaltmonopol des Staates verwandelt. Der Staat kontrolliert die Körper, und ein klassischer Prolog einer Revolution ist die Stürmung der Gefängnisse. Die Masse holt sich ihre Körper zurück, dorthin, woher sie kamen und wohin sie gehören, sie verleibt sie sich wieder ein. Befreiung ist dabei nicht ihre erste Absicht.

Aber der Raum und die Vorstellung davon verändern sich. Man kann nicht behaupten, die räumlichen Bedingungen seien in den fünfundzwanzigtausend Jahren Zivilisationsgeschichte die gleichen geblieben.

Natürlich haben sich die Bedingungen verändert. Und sie verändern sich weiterhin, vielleicht so tiefgreifend und schnell wie nie zuvor. Die technologische Entwicklung erobert die Räume beinahe total, und als das Sigel unserer Zeit gilt ein bestimmter Raum: Jener der physischen Unpräsenz. Der virtuelle Raum beherrscht unsere Gedanken, unser Reden, er ist eine kollektive Phantasmagorie. In unserer Anschauung bezeichnet seine Erfindung eine Schwelle wie der Einbruch des Feuers, des Buchdrucks. Es wird behauptet, die menschliche Kultur werde sich von nun an in diesen Raum hinein entwickeln. Aber vielleicht zeigt sich in dieser Annahme nur die Überbewertung des Zeitalters seiner eigenen Errungenschaften, oder vielleicht ist es der Ausdruck der Sehnsucht, den Raum als existenzielle Grundlage endgültig überwinden zu können, eine Sehnsucht, die sich kaum erfüllen wird. Der wesentliche Mangel der virtuellen Räume zeigt sich doch darin: Das Internet hat keine Toilette. Ferner scheint mir einigermaßen gesichert: Was die Zeit überdauern will, muss eine physische Präsenz besitzen.

Wie kommst du darauf?

Lass mich ausnahmsweise dafür ein Beispiel geben: Jüngst interessierte ich mich für eine bestimmte Knochenmühle, ein besonders räumliches Phänomen. Dort mahlt der Mühlstein nicht Korn, sondern eben Knochen, die später das Korn düngen, und jene Knochenmühle ist seit vierzig Jahren nicht mehr in Betrieb. Das *Schweizerische Archiv für Volkskunde* hat kurz vor der Schließung der Mühle einen Film drehen lassen, der die Arbeit des Müllers und seiner Gehilfen dokumentiert, und eine Kopie dieses Films ließ ich mir schicken. Als ich das Paket öffnete, fand ich darin eine Kassette eines bestimmten Formats, ein Artefakt, dessen Präsenz noch vor wenigen Jahren hegemonial war. Man fand solche Kassetten an jeder Ecke, in jeder Stube. Wer immer einen Film speichern wollte, griff darauf zurück, es war der kulturelle Standard. Kein Mensch in irgendeiner Stadt dieser Welt war weiter als ein paar Minuten von der nächsten dieser Kassetten entfernt, es gab sie im Supermarkt in Zehnerpaketen. Zur Entschlüsselung der darauf gespeicherten Information bedarf es eines bestimmten Werkzeugs, das heißt, eigentlich zweier Werkzeuge: Abspielgerät und Bildschirm. Einen Bildschirm besaß ich noch, aber das Abspielgerät hatte ich beim letzten Umzug entsorgt. Ich suchte einen Tag lang dieses Gerät – ohne Erfolg. Nicht einer meiner Freunde besaß noch ein solches Ding. Schließlich half mir jene Institution, deren Kernkompetenz seit jeher die Entschlüsselung und Sichtbarmachung von alten Informationen ist: das Theater. Dort stand ein Abspielgerät – es zeigte mir ein Bild, aber der Film blieb stumm, der Ton war irgendwo zwischen den Technologien verlorengegangen. Die Kassette als Objekt wird überleben, die Beschriftung *Die Knochenmühle* auf dem Etikett wird überliefert werden, der Rest wird verschwinden.

Das war eine Anekdote.

Es soll die einzige bleiben. Unsere Zeit hat kein Verfahren entwickelt, um Wissen dauerhaft elektronisch zu speichern. Die aktuellen Datenträger haben im besten Fall eine Lebenszeit von einigen Jahrzehnten. Vom heutigen Tag wird sehr, sehr wenig überliefert werden, und es wird auf Papier Geschriebenes sein, in Metall Geprägtes, in Stein Gehauenes. Nicht die Qualität der Information, sondern der räumlichen Präsenz ist das Kriterium, ob etwas tradiert werden wird oder nicht.

Vielleicht ist zeitliche Speicherung weniger wichtiger als räumliche Verbreitung.

Nicht für die Dichtung. Schließlich wendet sie sich nicht nur an die Zeitgenossen, sondern ebenfalls an die Toten. Und da auch wir eines Tages unzweifelhaft tot sein werden – an wen sollen sich die Nachgeboren wenden, wenn von uns kein Zeugnis bleibt?

Spricht da der gekränkte, um seinen Nachruhm gebrachte Dichter?

Vielleicht. Aber nicht die Dichter tun sich mit dem virtuellen Raum am schwersten, es sind die Institutionen. Der Nationalstaat bezieht sich auf das Territorium, das die abwesende Masse, die er vertritt, besetzen könnte. Er erhebt Anspruch auf eine räumliche Ausdehnung, geht von einem Hoheitsgebiet aus, in dessen Grenzen seine Gesetze Gültigkeit haben. Gerichte verlangen nach Zuständigkeiten, nach Tat-Orten, und es muss für die Institutionen zu einer Bedrohung werden, wenn einer Tat kein bestimmter Ort mehr zugewiesen werden kann. Wo, zum Beispiel, findet eine Verleumdung im virtuellen Raum statt? Die Räume, in denen sie formuliert und ausgesprochen wurde, wo sie gespeichert ist, wo sie erscheinen und gelesen werden kann, fallen nicht mehr zusammen, und noch hat der Staat keine Antwort auf die Auflösung seines Territoriums gefunden.

Der technologische Eingriff ist nicht neu, die Öffnung neuer Räume ist ein Kennzeichen der Kultur.

Einverstanden. Was wir entwickeln, entwickeln wir, um den Raum genauer vermessen, schneller durchreisen, totaler beherrschen zu können. Diese Transformationen führen zu Krisen. Der Übergang vom atlantischen ins pazifische Jahrhundert, die Neuverteilung der Einfluss-Sphären ist politisch nicht bewältigt, genauso wenig wie die Zerstörung unseres Lebensraumes. Die beschleunigte Mobilität zersiedelt den Landschafts-Raum. Die Schwierigkeiten, das Leben in den Mega-Metropolen zu organisieren, die Erstickung der Städte im Verkehr, die Immobilität als Folge der Mobilität – alles räumliche Krisen. Und wenn wir auch einsehen, dass uns erst die Technologie in diese Krisen geführt hat, so transportiert sie doch die Hoffnung, die Ideologie mit sich, dass durch ihre eigenen Mittel diese Krisen überwunden werden können. Die Technologie verspricht Optimierung, aber solange die menschliche Existenz eine räumliche Dimension hat, solange wir ein Bett benötigen, um uns auszuruhen, eine Kanalisation, um die Ausscheidungen zu entsorgen, solange wir noch essen müssen und auf Felder angewiesen sind, auf denen wir die Lebensmittel anbauen können, solange wir unsere Körper mit Kleidern schützen und verhüllen müssen, so lange wird es diese Krisen, diese Übergänge und Anpassungsprozesse geben.

Wir begegnen diesen Krisen technologisch, aber unser Verhältnis zum Raum ist nicht vollständig pragmatisch. Es gilt immer noch, was Michel Foucault 1967 in seinem Aufsatz »Von anderen Räumen« feststellt: Der Raum ist auch heute nicht vollständig entsakralisiert. Er hat viele seiner Mysterien bewahrt, denen wir uns immer noch nur mit Schaudern nähern. Die moderne Physik hat keine endgültige Theorie entwickelt, ob der Raum überhaupt als Entität existiere oder vielleicht doch, wenn ich Kant richtig verstanden habe, ausschließlich eine Voraussetzung unserer Vorstellungskraft ist, eine Krücke, damit wir überhaupt wahrnehmen können. Der leere Raum ist kaum in ein Bild zu fassen. Jedenfalls bleibt seine mögliche Existenz auch hundertfünfzig Jahre nach der experimentellen Abschaffung des Äthers durch Albert Michelson und Edward Morley eine gedankliche Zumutung – auch wenn es nicht die Natur ist, wie Blaise Pascal in seiner *Abhandlung über die Leere* von 1647 formulierte, die lieber die eigene Zerstörung als den leeren Raum in Kauf nimmt –: Es ist der Mensch, dem diese Vorstellung unerträglich ist. Wir unternehmen jede Anstrengung, um seine Unmöglichkeit zu beweisen. Die größte je von Menschenhand gebaute Maschine, ein sechsundzwanzig Kilometer langer Tunnel unter der Erde Genfs, wo Wissenschaftler Tag und Nacht die Resultate studieren, die ihnen aus häusergroßen Detektoren entgegentröpfeln, hat zum Ziel, dort etwas zu finden, wo nichts zu sein scheint. Wo der Raum leer und keine Materie auszumachen ist, muss trotzdem etwas sein, und bevor wir einen besseren Namen gefunden haben, nennen wir das: Dunkle Materie. Als dieser Teilchenbeschleuniger in Betrieb genommen wurde, äußerten einige die Besorgnis, es könnte sich ungewollt ein Schwarzes Loch bilden und Mütterchen Erde kurzerhand verschlucken. Ein Schwarzes Loch ist ungeheuer dichte Masse, gewissermaßen ein Ort ohne Raum, ohne Ausdehnung, und vielleicht zeigt sich auch hier die sublime Sehnsucht, der Raum könne ganz verschwinden, in eine ungeheure Dichte in sich selbst zusammenfallen und in den reinen Ort ohne Ausdehnung eingehen.

Das sind alles Beweise für die Transformation des Raumes. Etwas Gleichbleibendes scheint es im Verhältnis zum Raum nicht zu geben.

Richtig, aber die Dichtung handelt nicht vom Raum. Ihr Gegenstand ist die Zeit, und sie ist durch die Technologie nicht erschließbar. Es gibt in der Beziehung zur Zeit keinen Fortschritt. Wir sind der Zeitlichkeit genauso ausgeliefert, wie unsere Vorfahren ihr ausgeliefert waren. Nichts, das wir seit den Tagen, als wir noch in Höhlen hausten, erfunden haben, enthebt uns der Zeit. Wir beherrschen den Raum, aber wir werden von der Zeit beherrscht. Diese Kontinuität der Erfahrung ist der Grund für die literarische Tradition, sie ist es, die uns jeden dichterischen Text verstehen lässt, egal, wann er geschrieben wurde, es ist das, was sich nicht ändert. Von der Hingabe an die Zeit, zu der wir gezwungen werden, handelt die Dichtung, aber gleichzeitig ist die vergehende Zeit durch die Literatur nicht darstellbar. Die Verben des Raumes – erschließen, erobern, durchdringen, bereisen – werden, wenn wir sie auf die Zeit beziehen, zu reinen Metaphern mit keiner Entsprechung in der erfahrbaren Wirklichkeit. Die Literatur, weil sie die vergehende Zeit nicht direkt darstellen kann, braucht den Raum, um eine Dramaturgie zu etablieren, sie braucht die räumlichen Analogien. Die Odyssee berichtet zwar von einer Schiffsreise, von der Überquerung eines Meeres, aber das, was wir tatsächlich miterleiden, spiegelt sich im Bild der strickenden Penelope, in der vergehenden Zeit – die weder »verrinnt«, noch »verstreicht« oder »vergeht«. Die Zeit bleibt unserer Empfindung verschlossen, wir erkennen die Folgen und wissen: Odysseus bezwingt die Meere, die Ungeheuer und die eigene Angst, aber niemals die Zeit. Das Warten Penelopes ist tödlich. Wie Auguste Renoir einmal gegenüber Ambroise Vollard klagte: »Ach, wie schade, dass jeder vermeintliche Fortschritt zugleich ein Schritt gegen das Grab hin ist!« Der Raum mag auf einmal größer erscheinen, die Zeit aber wird immer knapper.

Aber auch das Verhältnis zur Zeit ändert sich.

Nur das Reden darüber ändert sich, die Ideologien, die Strategien zur Bewältigung des Unabwendbaren. Falls es tatsächlich einen Bruch gibt, eine kulturelle Zäsur, die wir erleben, dann ist der Grund dafür keine neue Technologie. Die westliche Gesellschaft, die mich hervorgebracht, gebildet und geformt hat, hat die Zeit als Verbündete verloren. Ich wurde erzogen auf den Trümmern der christlichen Religion, die den Menschen eine

Vorstellung von der Ewigkeit geben wollte. Was der Christ tut, tut er im Hinblick auf die Unendlichkeit der Zeit. Was heute zählt, bekommt seine Bedeutung nur nach Maßgabe des ewigen Lebens. Jeder für sich kann sich zu diesem Glauben bekennen, für die Gesellschaft ist er nicht mehr konstituierend – auch wenn wir weiter in seinen Relikten leben. Unsere republikanischen Verfassungen formulieren nicht Realitäten, sie formulieren Ideale. »Jeder Mensch ist vor dem Gesetz gleich«, »Die Würde des Menschen ist unantastbar«, »Die Schweizerische Eidgenossenschaft schützt die Freiheit und Unabhängigkeit des Landes« – nichts davon beschreibt den Status quo, sondern Ideale, denen wir uns durch die Zeit asymptotisch nähern. Das Beste lag in der Zukunft. »The best is yet to come.« – »Time is on my side.« Das ist die Verfassung des bürgerlichen Bewusstseins. Dem Bürger ist die Gegenwart nichts, alles Glück liegt in der Zukunft. Der Adlige rechtfertigte sich durch die Vergangenheit, durch seinen Stammbaum, der Bürger durch die Zukunft. Selbst die Gegenwart ist ihm gefährlich, und sosehr er den Raum als Möglichkeit auf seiner Seite wähnt, so gefährlich kann ihm der statische Ort werden. Er kann nicht stehenbleiben, weil er beständig befürchten muss, mit seiner Umgebung gleichgesetzt zu werden. Jeder Ort kann dem Bürger gefährlich sein. Er darf nicht ruhen. Der Bürger darf nie sein, er muss immerzu werden.

Die diesem Bewusstsein entsprechende Wirtschaftsform war der alte Kapitalismus. Er hat das christliche Ewigkeitsversprechen säkularisiert. Er funktioniert nicht ohne die Idee des unaufhaltsamen Fortschritts, des beständigen Wachstums. Vielleicht sind der Zins und Zinseszins dafür der reinste Ausdruck. Das momentane Glück, der sofortige Konsum, wird aufgeschoben, und der Lohn dafür ist ein Zuwachs, über den wir erst in einer angenommenen Zukunft verfügen werden. Voraussetzung dafür ist der Glaube, dass es überhaupt ein Morgen gibt und sich der Verzicht im Heute nachholen lässt, nicht von einem selbst, aber durch die Erben, die Nachgeborenen. Der Verzicht zum Wohle der zukünftigen Generationen war eine bürgerliche Tugend, aber der Fortschrittsglaube ist gebrochen. Heute gibt es keine Zinsen, sondern Negativ-Zinsen, und die Tugend heißt nicht Sparen, sondern Investieren. Wir stürzen in den Augenblick, aber die Kontemplation, die Versenkung bleibt aus. Wir meinen zu wissen, dass es unseren Kindern und Kindeskindern nicht besser gehen wird als uns und sie ihr Glück anders werden definieren müssen als über den wirtschaftlichen Erfolg. Man hat langsam einzusehen, dass der zweite Hauptsatz der Thermodynamik auch für die Wirtschaft gilt und es so etwas wie Kreisläufe in der Natur nicht gibt, obwohl die wesentlichen Modelle der klassischen Nationalökonomie genau das immer behauptet haben. Die Wirtschaft setzte ein Perpetuum mobile als gegeben, und solange es genug unerschlossene Räume gab mit Ressourcen, die man billig ausbeuten konnte, so lange konnte man sich der Tatsache verschließen, dass die Entropie in einem geschlossenen System zwangsweise zunimmt und jedes Leben in der Gegenwart, wie der Ökonom Nicholas Georgescu-Roegen es formuliert hat, unweigerlich ein Leben weniger in der Zukunft bedeutet.

Befinden wir also in einer Krise der Zeit?

Leider nicht. Unser Verhältnis zur Zeit kann nicht im Sinn einer Transformation beschrieben werden, es ist nichts Neues ersichtlich. Die Prozeduren bestehen fort, noch sind sie mächtiger als das Bewusstsein, aber wie lange kann das dauern? Wie lange können wir Systeme aufrechterhalten, die in der Ideologie des ewigen Fortschritts, des permanenten Wachstums gründen, wenn wir diesen Glauben verloren haben? Das Bewusstsein wird sich nicht auf Dauer einer Wirklichkeit anpassen, die diesem Bewusstsein widerspricht, es wird diese Wirklichkeit in ihrem Sinne zu verändern versuchen. Wir werden im Raum keine Antwort finden auf die Frage der Zeit. Die Technologie wird uns nicht vom Gedanken unserer eigenen Endlichkeit erlösen.

Wenn weder der Raum noch die Technologie Gegenstand der Literatur sind, und wenn uns gleichzeitig die Vorstellung der Zeit abhandengekommen ist, wenn wir also nicht daran glauben mögen, in der Zukunft gelesen zu werden, wenn wir uns außerhalb der Tradition verstehen, die Zeit für uns also keine Bedingung der Erfahrung mehr ist, weil wir uns außerhalb der Geschichte sehen, wozu dann noch Dichtung? Wenn wir uns weder an die Toten noch an die Nachgeborenen wenden, was hat dann die Dichtung noch für eine Funktion?

Ich habe erstens nie behauptet, sie habe eine Funktion. Und zweitens hieß es doch, dies hier sei die Antrittsvorlesung, das Stelldichein, wo ein Gast-Professor die Richtung vorgibt, die er mit seiner Arbeit einschlagen will. Wer also kann verlangen, dass hier alle Fragen beantwortet werden? Es wird doch, so bleibt zu hoffen, noch etwas Zeit bleiben.

Freiheit und Wahrhaftigkeit

Ich möchte hier einige Begriffe untersuchen: Zuerst den Begriff der Freiheit und welche Bedeutung er für die Literatur hat. Weiter, weshalb ich zu diesem Begriff zwar über ein bestimmtes Wissen, aber über kaum eine Empfindung verfüge. Und ich möchte ferner ein anderes Konzept einführen und seinen Zusammenhang zur Freiheit untersuchen: den Begriff der Wahrhaftigkeit.

Freiheit ist in vieler Munde. In Nordafrika befreiten sich die Menschen von ihren Unterdrückern, sie taten es auf dieselbe Weise, wie sie es zuvor in in der Ukraine, in Serbien und in Deutschland getan haben – mit der Macht ihrer körperlichen Präsenz. In ihrem Aufbegehren erkennen wir einen Kampf um die Freiheit.

Seit dem 11. September 2001 erleben wir ferner eine intensive Auseinandersetzung über das Spannungsverhältnis zwischen dem Anspruch der Gesellschaft auf Sicherheit und dem Ideal der bürgerlichen Freiheit.

Und es gibt nach wie vor viel zu lesen und zu hören über die persönliche Verantwortung und die Forderung zur Durchsetzung der Normen, die der zivilisatorische Fortschritt, oder nach anderen Maßstäben: der Zeitgeist, verlangt. Man denke etwa an die Diskussionen über das Bildungssystem und das Rauchverbot.

Was mir dabei auffällt: Trotz dieser Diskurse, die ich verfolge und gelegentlich auch selbst führe, trotz meiner Versuche, durch die Lektüre der Klassiker der Philosophie, der Soziologie und der Ökonomie zu einer genaueren Vorstellung der Freiheit zu kommen, bleibt ihre Definition unscharf, das Bild undeutlich und metamorph. Vor allem, und das scheint mir entscheidend: Wenn ich mich mit dem Begriff der Freiheit befasse, so stellt sich keine entsprechende Empfindung ein. Ich weiß nicht, wie sich Freiheit anfühlt. Ist das mein individuelles Problem? Das Problem eines Westeuropäers, der das Privileg hat, niemals unter Unfreiheit gelitten zu haben? Was bedeutet Freiheit überhaupt, zu welcher Begriffsgattung gehört sie? Ist sie ein Ideal, ein Rechtsbegriff, ein philosophisches Konzept, ein Abstraktum, zu dem es kein Konkretum gibt? Gibt es Zeugnisse, Quellen, Artefakte, die der Freiheit eine konsistente Empfindung zuordnen?

Auf der Suche nach einer Antwort stelle ich fest: Für die Freiheit gibt es kein Symbol. Das Herz steht für die Liebe, die Taube für den Frieden, und selbst die Gerechtigkeit besitzt ein Symbol, nämlich die Waage.

Freiheit stiftet auch kaum Metaphern. Eine der seltenen ist jene von der Freiheit des Vogels. Es ist bezeichnend, wie diese Metapher sowohl in einem positiven wie in einem negativen Sinn gebraucht wird. »Frei wie ein Vogel« bedeutet Ungebundenheit von allen Verpflichtungen; »vogelfrei« hingegen beschreibt die Abwesenheit jeder rechtlichen Sicherheit, der Vogelfreie ist zum Abschuss freigegeben.

In der Dichtung, der hauptsächlichen Quelle der Gestalt und Entwicklung menschlicher Empfindung, spielt die Freiheit eine nebensächliche Rolle. Und wenn, dann in einem dialektischen Sinn, nämlich durch ihre Abwesenheit. Präsent ist ihr Gegenteil, die Unfreiheit. Leidenschaft, Besessenheit, Haft, Verdammnis – das sind die hauptsächlichen Inhalte der Literatur. Dafür gibt es reichlich Beispiele, beginnend mit Sophokles' Antigone, der Königstochter, die sich nicht vom göttlichen Gesetz befreien mag, um der Rechtsprechung ihres Königs zu folgen, und darauf beharrt, ihren Bruder nach den vorgeschriebenen Riten zu begraben. So verteidigt sie vor König Kreon ihre Gebundenheit an die göttlichen Richtlinien: »Denn nicht seit heut und gestern sind sie: diese leben / Von je her, und weiß niemand, woher sie gekommen. / Indem ich diese bräche, mocht ich nicht, aus Furcht / Vor irgendeines Mannes Dünkel, vor den Göttern / Strafe erleiden.«

Tausend Jahre später dieselbe Situation: Auch für die Protagonisten der mittelalterlichen Dichtung bleibt Freiheit ein Fremdwort. Für Parzival, der gefangen ist in seiner Einfältigkeit und Selbstbezogenheit; für François Villons poetisches Ich, das in seinen Balladen eindringlich über die Kerker spricht. Und zwar von den wirklichen, in denen Villon immer wieder saß und auf seine Verbannung oder gar Hinrichtung wartete. In seinem *Epistre*, dem Brief an die Freunde, beschreibt er sehr anschaulich die Folgen der Kerkerhaft: »Da Sonntags, Mittwochs Fasten er gewohnt, / stehen ihm die Zähne harkengleich heraus. / Nach trocknem Brot – niemals nach Kuchenschmaus – / Gießt Wasserströme ins Gedärm er ein, / Nicht Tisch noch Pritschen sind im Haus. / Lasst Ihr den armen Villon hier allein?«

Dieser Balladensänger berichtet daneben und noch ausführlicher von den anderen, den metaphorischen

Gefängnissen, jenen der Leidenschaft und der Leiblich-keit, aus denen es im Gegensatz zu den steinernen kein Entrinnen gibt. Im Gedicht »Le débat du cœur et du corps du Villon« von 1461 lässt er Herz und Körper über die jeweiligen Begrenzungen räsonieren, deren Überwindung, nebenbei, nur durch das »lire sans fin«, das »Lesen ohne Ende« möglich sei.

Auch danach hat die Unfreiheit die Dichter zu großen Werken angestiftet, nicht nur den notorischen Marquis de Sade, der einen Gutteil seiner Lebenszeit hinter Git-tern verbrachte und dort seine berühmten Werke schrieb, in denen er von der Transzendierung des Gei-stes durch den Körper träumte. Man kann nicht behaup-ten, dass er Wesentliches über die Freiheit zu sagen hat, genauso wenig wie ein halbes Jahrhundert später Dosto-jewski, ein anderer Häftling staatlicher Herrschaft und persönlicher Besessenheit. Über beide Gefängnisse hat er Bücher geschrieben. *Aufzeichnungen aus einem To-tenhaus* über den zwangsweisen Aufenthalt in der Kat-orga, dem sibirischen Straflager; *Der Spieler* über die katastrophalen Folgen seiner Spielsucht.

»Kerkerliteratur« ist eine eigene Gattung geworden. Im zwanzigsten Jahrhundert haben der Ungar Imre Kertész und der Russe Warlam Schalamow wesentliche Beiträge dazu geliefert. Beide litten unter totalitären Regimes. Die Schriftsteller auf der anderen Seite des Atlantiks, im Land der unbegrenzten Möglichkeiten, schrieben jedoch genauso wenig über die Freiheit, die eine Folge dieser Möglichkeiten sein sollte. Die Verfas-sung der Beat Generation, Jack Kerouacs *On the Road*, beschreibt weniger die Suche nach Freiheit, sondern die Sehnsucht nach einer Bestimmung im Leben, nach etwas, das einer Verbindung wert scheint. John Updikes Held Harry Rabbit Angstrom kämpft gegen alle möglichen Zwänge und versucht sich vergeblich von den Ketten der Ehe, der Arbeit und der Vorstellungen der puritanischen Gesellschaft über die rechte Lebensführung zu befreien. Anne Sexton, die Lyrikerin, hat in den sechziger Jahren bekenntnishaft über ihre Sucht und den wiederholten Aufenthalt in Bedlam, der Nervenklinik, berichtet. Sie gab sich den Namen Lady Thorazie, nach dem Medikament, das ihr Linderung verschaffte; erst der Selbstmord erlöste sie aus seiner Umarmung. Philip Roth beschreibt die sexuellen Obsessionen seines Helden Nathan Zuckerman in allen Farben, aber er beschreibt nie, wie sich dieser Mann vom Begehren und von der Todesangst befreit. Und Thomas Pynchons Romane, besonders *V.*, sind paradigmatische Zeugnisse der Paranoia, der Verstrickung des Einzelnen in ein unfassbares System.

Wenige Dichter, die wir heute Klassiker nennen, waren frei in einem Sinne, wie wir ihn heute verstehen. Viele von ihnen lebten und schrieben in unfreien Verhältnissen. Bürgerliche Freiheit scheint keine Voraussetzung für wesentliche Literatur zu sein. Aber natürlich bringt Unterdrückung genauso wenig automatisch literarische Qualität hervor: Die Weimarer Republik hat gewiss wesentlichere Dichtung ermöglicht als die Nazidiktatur.

Die Literatur liefert nur spärlichen Anschauungsunterricht zur Freiheit. Wenig kann ich ihr entnehmen über die Empfindungen, die mit ihr einhergehen. Und wenn ich mein eigenes Leben betrachte, so bietet es ebenfalls kaum Gelegenheit, eine entsprechende Erfahrung zu machen. Als freier Mensch fühle ich mich selten. Ich lebe in Abhängigkeiten und Verantwortlichkeiten, als Vater, als Ehemann, als Ernährer, und selbst als Schriftsteller bewege ich mich in Interdependenzen, in wechselseitigen Abhängigkeiten. Ich bin von meinen Nächsten so abhängig wie sie von mir, und wir vertrauen darauf, dass keiner seine Verpflichtungen aufkündigt. Und darüber hinaus: Jeder ist existenziell unfrei. Niemand wird gebeten, in diese Welt zu kommen, keiner wird gefragt, ob er sie wieder verlassen will.

Es ist wahr: In einer freiheitlichen Gesellschaft kann man bis zu einem gewissen Grad wählen, auf welche Weise man unfrei sein will, welchen Zwängen man sich unterwirft. Ich selbst habe mir unter anderen den »Schriftstellerzwang« und den »Familienzwang« ausgesucht. Niemand hat mich dazu gedrängt, keine einzelne Behörde und keine einzelne Person. Gleichzeitig wäre es nicht zutreffend, wenn ich behaupten würde, meinen Weg vollkommen frei eingeschlagen zu haben. Zu den grundsätzlichen Bedingungen, zu meiner Herkunft und zur Umgebung meiner Kindheit, die gewiss entscheidend für mein weiteres Leben waren, hatte ich nichts zu sagen. Darüber bestimmten andere Menschen, andere Verhältnisse, die ich nicht beeinflussen konnte, und ganz sicher auch, und nicht zuletzt, der blanke Zufall.

Auch wenn es wenig Literatur über die Freiheit gibt, so findet sich doch eine Vielzahl Texte dazu. Aber es sind keine dichterischen Texte, es sind politische und religiöse. Zuvorderst die Bibel. Jesus von Nazareth erneuerte den Bund, den Abraham und Joseph mit Gott geschlossen hatten. Das Mal, so verspricht es das Christentum, welches wir seit der Vertreibung aus dem Paradies tragen und das uns zwingt, im Schweiße unseres Angesichts unser Brot zu essen und unter Schmerzen zu gebären, kann getilgt werden durch die Gnade Gottes. Wer sündigt, so heißt es im Johannesevangelium, bleibt ein Sklave der Sünde. Nur der Sohn könne uns befreien, allerdings nicht auf Erden, nicht im Diesseits, hier bleiben wir gefangen. Die Freiheit ist uns erst am Ende aller Tage versprochen.

Und bezeichnenderweise mündet einer der wichtigsten Texte des zwanzigsten Jahrhunderts zur Freiheit, die Rede Martin Luther Kings, gehalten im Jahr 1963 in Washington, in die Anrufung des Gottesgnadentums.

Nachdem sich King über die rassistischen Zustände in Alabama und Georgia beklagt und seinen berühmten Traum formuliert hat, benennt er die Verheißung, indem er den Propheten Jesaja paraphrasiert: »I have a dream that one day every valley shall be exalted and every hill and mountain shall be made low. The rough places will be made plain and the crooked places will be made straight and the glory of the Lord shall be revealed and all flesh shall see it together.«

Der politische Text über die Freiheit fügt sich in eine spirituelle Vision. Freiheit ist kein literarisches, sie ist ein politisches und ein religiöses Konzept, in diesen Feldern, nicht in den poetischen, erhält sie ihre Dringlichkeit.

Auch ich lebe mit dem Anspruch, mich zu befreien – nicht unbedingt frei zu sein, sondern in den Prozess der eigenen Befreiung einzutreten, herauszufinden, was mich in meinem Leben, in meinem Dasein unfrei macht.

Unfreiheit lässt sich ertragen. Wir leben damit. Wir kennen unsere Begrenzungen und sind uns der existenziellen Unfreiheit bewusst. Wir wissen, dass wir sterben müssen. Das Leben in einer Gesellschaft bedeutet, dass man auf einen Teil seiner Freiheit verzichten muss. Vollständige Freiheit bedeutet vollständige Einsamkeit.

Unfreiheit wird erst zu einer Pein, von der man sich befreien muss, wenn sie nicht zur Sprache gebracht werden kann, wenn es nicht gelingt, über die persönliche Unfreiheit einen Diskurs zu führen.

Das mag aus verschiedenen Gründen der Fall sein. Wenn es keine Möglichkeit gibt, um die Unfreiheit auszudrücken, weil sich zwar die Welt, die gesellschaftliche Situation, nicht aber die Sprache verändert hat. Das Bewusstsein hat sich gewandelt, aber die Sprache verharrt noch im Alten. Die Bedürfnisse gelangen nicht mehr zum Ausdruck, es kommt zum Konflikt, eine Situation, die für Shakespeare, Horváth und Ibsen Anlass zu großen Dramen war.

Ein anderer Grund für die Unfähigkeit, unsere Gedanken zur Sprache zu bringen, ist positiver. Menschen schweigen oft aus Empathie, aus Rücksicht vor den Gefühlen anderer. Sie wissen, wie sehr Worte verletzen können, und deshalb behalten sie Gedanken oft für sich. Sie schmeicheln, wie man es nennt, wenn eine gute Absicht dahintersteckt; sie heucheln, wenn sie niedrige Beweggründe haben.

Und schließlich hindert uns oft genug die Angst, ein offenes Wort zu wagen. Wenn ich fürchten muss, durch meine Offenheit einen Nachteil zu erleiden. Und so wenig ich eine Empfindung für die Freiheit besitze – ich weiß deutlich, wie sich Befangenheit anfühlt. Es ist bedrückend, sich in einer Situation zu finden, die freies Reden verbietet: Wenn ich als Arbeitnehmer dem Chef aus Angst vor Stellenverlust nicht sagen kann, was tatsächlich in seinem Betrieb vor sich geht. Wenn ich mit einem Süchtigen, dessen Abhängigkeit seine Existenz bestimmt, nicht frei über diesen Umstand reden kann. Immer dann, wenn ich gegen meinen Willen zur Komplizenschaft gezwungen werde. Diese Momente sind deshalb unerträglich, weil sie keinen Diskurs über die Unfreiheit erlauben.

Vielleicht sehnen sich die Menschen weniger nach Freiheit als nach Wahrhaftigkeit. Nicht danach, die Wahrheit zu definieren, sie sorgen sich um den Anteil der Übereinstimmung zwischen der gedanklichen Begrifflichkeit und dem, was ich zu sagen in der Lage bin. Je größer diese Übereinstimmung ist, desto freier wird sich der Mensch fühlen, egal von welchen Zwängen er tatsächlich beherrscht wird.

Um genau dieses Verhältnis kreist die künstlerische Arbeit. Künstlerische Werke suchen die Wahrhaftigkeit, im Wissen, dass die Wahrheit ein Ideal, deshalb unerreichbar ist und nicht Gegenstand des Werkes sein kann.

Ein kleiner Exkurs: Sprache ist nie zum Nennwert zu nehmen, sie muss gedeutet werden. Literatur kann das Eine sagen und das Andere meinen. Aber ein aufmerksamer Leser erkennt, ob ein Text einen Zweck verfolgt und damit ein Instrument zur Verfolgung eines Interesses wird. In diesem Moment verlässt ein Text den Raum der Kunst. Kunst verfolgt kein einzelnes Interesse, jedenfalls keines, das sie formulieren könnte. Sie versucht, sich zu transzendieren, mehr aus dem Topf zu schöpfen, als hineingegeben wurde. Etwas evozieren, das über den Ehrgeiz und die Ambition hinausgeht. Else Lasker-Schüler hat in diesem Zusammenhang die Kabbala zitiert: Dichten bedeute, Gott Platz zu machen. Doch man braucht keine Religion, um dieses Moment zu suchen. T. S. Eliot hat in seinem Essay »Literarische Tradition und individuelles Talent« davon gesprochen, dass die Entwicklung des Künstlers ein unaufhörliches Selbstopfer sei, ein ständiges Auslöschen der Persönlichkeit. Und er illustrierte das mit der Analogie des Platins, das die Funktion eines Katalysators übernimmt, wenn man es mit Sauerstoff und Schwefeldioxid zusammenbringt. Was sich bildet, ist Schwefelsäure, aber der neu entstandene Stoff enthält kein Platin, das selbst unberührt und unverändert bleibt. Durch die Mittel der Kunst entsteht etwas, das mehr ist als dieses Mittel.

Wie auch immer man zu diesem Bild stehen mag – die künstlerische Erfahrung besteht darin, Dinge jenseits der eigenen Absicht geschehen lassen zu können. Das Wesentliche kann der Künstler nicht kontrollieren. Im Falle der Sprache liegt dies an einer Eigenschaft des Systems. Es sind immer die Lesenden, die aus einem abstrakten Begriff ihre eigene, konkrete Vorstellung bilden, und wie sie das tun, entzieht sich der Kontrolle des Dichters.

Wenn ich einen Begriff nenne, zum Beispiel Baum, stellt sich der Leser vielleicht einen Apfelbaum vor. Doch mein Baum sollte ein Kirschbaum sein, und so schreibe ich also Kirschbaum. Dieser Kirschbaum trägt nun in der Vorstellung des Lesers Blüten, aber meiner trägt Früchte, und so schreibe ich: Ein Kirschbaum voll von reifen Früchten. Und der widerspenstige Leser denkt sich diesen Baum in der Dämmerung, wo es doch bei mir heller Mittag ist – und so weit ich auch gehen mag in der Definition des Begriffes, es wird eine Lücke bleiben, die der Verstand des Lesers für sein eigenes Bild nutzen wird. Und nur aus diesem Grund lesen wir, weil diese Lücke bleibt, in die unsere Vorstellung dringen kann.

Vielleicht ist das die Freiheit, die die Dichtung schafft. Sie macht bewusst, dass nichts letztgültig zu definieren ist.

Die Schriftsteller haben sich oft über Personen lustig gemacht, die versucht haben, die Wirkungsgesetze der Literatur in die Wirklichkeit zu übertragen. Nach Cervantes' *Don Quijote* ist die traurige Emma Bovary vielleicht der berühmteste Fall. Die gelangweilte Gattin eines Landarztes, die sich ihre Zeit mit Liebesromanen vertreibt und irgendwann glaubt, die in ihr geweckte Sehnsucht nach romantischen Abenteuern sei in der Wirklichkeit erfüllbar. Emma krepiert daran auf ganz elende Weise. Nabokovs Pnin ist eine ähnliche Figur, die verlorengeht in der Zone zwischen Kunst und Wirklichkeit.

Ich habe vom guten Leser gesprochen, von einer Person, die die Wahrhaftigkeit als solche erkennt. Voraussetzung dafür ist ein Bewusstsein, ein Verständnis für den Wert und die Bedeutung dieser Wahrhaftigkeit, und diese Voraussetzung ist alles andere als gegeben. Ein Bewusstsein kann ungebildet oder korrumpiert sein, unterjocht von der Notwendigkeit, das Überleben zu sichern. Ein anderer Befreier der Afroamerikaner, Malcolm Little, oder Malcolm X, wie er sich später nannte, sah es als seine primäre Aufgabe, bei seinen Leuten zuerst ein Bewusstsein für ihre Versklavung zu schaffen. Erst dann seien sie in der Lage, so schreibt er in seiner Autobiografie, sich zu befreien, erst, wenn sie erkannt hätten, dass sie Sklaven sind.

Es stimmt, wir im Westen leben in freien Gesellschaften, freier als die meisten Orte der Welt. Aber was bedeutet diese Freiheit genau? Genauer als anhand der Freiheit lassen sich unsere Lebensumstände mit dem Konzept Wahrhaftigkeit überprüfen: Wie groß ist die Übereinstimmung zwischen der vorhandenen Begrifflichkeit und dem, was ich zu sagen in der Lage bin? Wie groß ist das Bewusstsein über unsere Zwänge? Wie offen können wir über unsere Beschränkung reden? Kann ich sagen, was ich denke? Und wie denke ich? Kreisen meine Gedanken um die Sachzwänge, die uns von der Politik, der Wirtschaft diktiert werden? Können wir uns unsere Welt auch anders vorstellen – und besitzen wir die notwendigen Begriffe für diese Alternativen? Wie viel Wahrhaftigkeit können wir uns beim Reden erlauben, ohne dafür Nachteile in Kauf nehmen zu müssen?

Stil und Moral

Dies, verehrte Lesende, hätte ein gescheiter, stilistisch fein ziselierter kleiner Essay werden sollen, eine kulturkritische Erörterung mit wenigen ausgewählten und überraschenden Zitaten aus der Literaturgeschichte, ohne den üblichen Bildungsballast, den man leider in dieser Gattung sehr oft findet. Es wäre hier um die Frage gegangen, wie der Stil mit der Moral zusammenhängt, und ich hatte bereits eine These, noch nicht sehr tragfähig, aber ausbaubar; ich hatte recherchiert, hatte mich umgehört, und es war alles vorbereitet, um Ihnen etwas zu bieten, das man allgemein als *geistreich* bezeichnet.

Aber dann tat ich etwas, das man in einer solchen Phase besser nicht tun sollte. Ich ging nämlich Ski laufen.

Es war der erste Sonnentag nach dem großen Schneefall; großes Gedränge auf den Pisten, die äußerliche Erscheinung der versammelten Wintersportler quer durch die Altersgruppen ziemlich homogen. Die meisten trugen Helme, dazu dunkle oder verspiegelte Skibrillen, weite Hosen und Jacken, in dunklen, getragenen Farben. Die aktuelle Mode, nicht etwa die Funktionalität, diktierte die Garderobe.

Dann aber, in der Schlange beim Skilift, eine junge Frau von vielleicht fünfzehn, sechzehn Jahren, in einer Ausrüstung, wie ich sie seit Jahren nicht gesehen hatte. Ihre Skier waren Modelle von vor zwanzig Jahren, lang, nicht tailliert, mit schmaler Spitze; ihre Hosen enganliegend, dazu trug sie einen cremefarbenen, taillierten Anorak, alles sehr weiblich und äußerst stilvoll.

Dies war ein sehr schönes Beispiel für jene These, die auszubreiten ich mir zur Aufgabe gemacht hatte. Individuellen Stil kann man nämlich definieren als das Erkennen der Ansprüche einer bestimmten Situation, verbunden mit dem Willen und der Fähigkeit, eben diese Ansprüche zu ignorieren. Stil ist nie pragmatisch. Trotz der vollständigen praktischen Unterlegenheit auf die Verwendung von Taschentüchern aus Stoff zu bestehen, zeugt von Stil. Wer in einem Kochbuch ein Hautkarzinom abbildet, oder umgekehrt in einem anatomischen Atlas ein Kuchenrezept abdruckt, beweist ebenfalls Stil, einfach einen etwas seltsamen.

Allerdings, das war das Seltsame an der Sache, die Garderobe, so sehr sie auch aus der Mode war, erschien neu und ungebraucht. Die Skier wiesen keine Kratzer und die Hosen weder abgescheuerte Stellen noch Flecken auf, was mich irritierte, zumal ihre etwas ältere Begleiterin die üblichen weiten Hosen und die kurzen, bulligen Skier mit stumpfer Spitze trug. Ich schaute mich um. Gab es vielleicht noch mehr von diesen entzückenden Zeitreisenden? War dies ein neuer Trend auf den Pisten, eine Verweigerung des modischen Diktates?

Nein, sie war die Einzige, was mich nun vollständig für sie einnahm. Ich fühlte mich auf der Stelle wieder wie siebzehn, verliebte mich in dieses aparte Wesen, das sich keinen Deut um den modischen Zwang kümmerte und stattdessen ihren Stil lebte, und wie damals in der Schule überlegte ich mir, an wem ich mich vorbeidrücken müsste, um den Platz neben ihr auf dem Sessellift zu ergattern.

Kurzum, ich regredierte, der stilistische Ausdruck dieser Frau betörte und verzauberte mich, und ich war plötzlich nicht mehr der vernünftige Familienvater im besten Alter, der seinen Sohn in die Penibilitäten der schweizerischen Tourismusindustrie einführte. Ein verkeilter Skistock war dann der Grund, weshalb ich das Mädchen aus den Augen verlor.

Doch als ob ein gütiger Gott uns geleitet hätte, kam ich tatsächlich neben der geheimnisvollen Frau zu sitzen, und mein zweites, etwas zweifelhafteres Glück war, dass ihre Begleiterin ebenfalls mit uns im Vierersessel saß, und ich nun also in den nächsten Minuten die Gründe für ihre entzückende Garderobe erfuhr, da nämlich die junge Frau alsbald begann, der Begleiterin, die sich als ihre Betreuerin entpuppte, ihre Lebensgeschichte zu erzählen. Früh sei ihr Vater gestorben. Die Mutter habe sich darauf einen neuen Freund genommen, dem sie in eine andere Stadt gefolgt sei. Der Mann trank. Die Mutter verließ ihn, fand einen Neuen, der die Kinder schlug. Worauf sie wiederum in eine andere Stadt gezogen, krank und arbeitslos geworden sei. Sie selbst, die junge Frau, habe vier Geschwister, und es sei das erste Mal, dass sie einen Skiurlaub machen könne.

Ein traurige Geschichte, so unpassend zu diesem blauen Tag, den gleißenden Schneekristallen in der Luft, den verschneiten Tannen, dem Gedudel aus den Alphütten, dass keiner auf dem Sessellift irgendein Wort sagte, die Begleiterin bloß bei jeder geschilderten Scheußlichkeit mit der Zunge schnalzte und wir alle die Bergstation herbeisehnten.

Die Erklärung für die aparte Garderobe war also nichts anderes als Armut. Die junge Frau trug die altmodischen Kleider nicht freiwillig, sondern weil sie keine andere Wahl hatte. Sie war mit ihrer Klasse in einem Skilager, und Wintersport, ich kann es Ihnen als Familienvater versichern, ist eine geradezu unanständig teure Angelegenheit. Ihre Mutter musste vor vielen Jahren, wahrscheinlich noch vor dem Tod ihres Gatten, in eine Skiausrüstung investiert haben, in die Hoffnung, an den gesellschaftlichen Vergnügungen teilnehmen zu können, doch der Tod machte ihr einen Strich durch die Rechnung. Die Ausrüstung ist der kleinste Teil der Auslagen. Die Anreise, die Fahrkarten für die Skilifte, die Petitessen, die sich summieren, das geht nicht, wenn man kleine Kinder und keinen Ernährer hat, und so blieb die Ausrüstung über Jahre im Keller stehen, bis die Tochter alt genug war, um sie tragen zu können, oder, besser gesagt, um sie tragen zu müssen. Denn warum soll man eine neue Skiausrüstung kaufen, wenn eine ungebrauchte im Keller steht, zwanzig Jahre alt, natürlich, aber tadellos in Schuss?

Ich war froh, als wir an der Bergstation ankamen. Das Mädchen hatte mein Mitleid gewonnen, aber meine Bewunderung verloren. Es muss schrecklich sein, in einer aus der Mode gekommenen Ausrüstung zum ersten Mal auf Skier zu stehen, und ich verfolge gewiss nicht die Absicht, hier auf die Tränendrüse zu drücken, aber ich muss Ihnen leider gestehen, dass mich dieses Erlebnis zum Umdenken gezwungen hat.

Das Elend wird niemals zum Stil, und Opfer sind jeder Verfeinerung enthoben, und ich habe mich nach diesem Erlebnis gefragt, wie man sich in dieser scheußlichen Welt überhaupt noch mit Nebensächlichkeiten wie Stilfragen aufhalten kann, die einem dazu noch eine verlogene, geschönte Ansicht der Welt vermitteln, die einen Schönheit in der Verweigerung sehen lassen, wo nichts anderes ist als Not und Lächerlichkeit.

Denn die Weltlage, verehrte Lesende, also alles, was in diesem Augenblick geschieht, oder nicht geschieht, ist, man kann es leider nicht anders sagen, zum Kotzen, und ich weiß natürlich, dass in der verfeinerten Umgebung eines kulturkritischen Essays die Begriffe *Emesis* und *Vomitus* angebrachter wären, weil sie nämlich einerseits meine Bildung unterstreichen würden, andererseits die Grenze zu jenen zögen, die sich einen Dreck für Fremdwörter interessieren und auch für Synonyme nichts übrighaben. Aber ich hoffe, dass Sie mittlerweile verstanden haben, worum es mir hier tatsächlich geht, um das unangepasste Verhalten nämlich, um Stil und Unmoral eben.

Wie nicht wenige unter Ihnen war auch ich bisher der unausgesprochenen Ansicht, die Lektüre eines kulturkritischen Essays sei dem Weltfrieden zumindest nicht abträglich, aber ich habe eben die Seite gewechselt. In der Zeit, die Sie jetzt gerade mit Lesen vergeuden, nimmt das Elend in der Welt zu, während Sie nicht das Geringste dagegen tun und sich an der Gespreiztheit der Sätze delektieren.

Manche werden nun vielleicht argumentieren: Alles zu seiner Zeit. Es war niemals meine Absicht, gerade *jetzt* die Weltlage zu verbessern. *Jetzt* lese ich, und ohne Zweifel haben die gescheiten, gebildeten, feinsinnigen Texte dieses gescheiten, gebildeten und feinsinnigen Schriftstellers zur Folge, dass auch ich gescheiter und feinsinniger werde. Die Auseinandersetzung mit einer komplizierten Thematik wie dieser verringert meine naturgegebene Ignoranz, vertieft meine Einsicht in den wahren Kern der menschlichen Existenz, in meine eigene Geworfenheit, und ein geschärftes Bewusstsein ist doch ohne Frage die Voraussetzung, um diese Welt ein bisschen besser zu hinterlassen, als man sie vorgefunden hat.

Das ist klug argumentiert, aber leider ignoriert dieser Gedankengang die Zeit. Das Elend ist in erster Linie eine zeitliche Erscheinung, das heißt, es misst sich in Stunden, Tagen, Wochen, Jahren. Je länger ein Mensch im Elend lebt, umso kürzer fällt sein Glück aus. Und deshalb ist der Kampf gegen die Ungerechtigkeit ein Rennen gegen die Zeit. Jede Minute, die Sie mit der Lektüre von feinsinnigen, die Geworfenheit der menschlichen Existenz beleuchtenden Essays verbringen, tun Sie nicht nur nichts gegen das Elend, in Wahrheit lassen Sie es sich vergrößern, einem Menschen in Not wertvolle Lebenszeit zu rauben.

Aber, höre ich nun schon den Einwand aus den hinteren Reihen, wir brauchen doch eine Initialzündung, einen Auslöser, ein Signal, das uns aus der Lethargie reißt, und was, wenn nicht die Literatur, kann uns auf die Aktion vorbereiten?

Unsinn, liebe Freunde, Sie lügen sich damit selbst in die Tasche, und natürlich wissen Sie das auch.

Gemäß Brockhaus ist Apathie definiert als »ein bis zur völligen Unansprechbarkeit reichender Zustand der Gleichgültigkeit gegenüber eigenen Belangen und der Umwelt«, und ich finde, diese Beschreibung trifft ziemlich genau den Zustand, in dem Sie sich in diesem Augenblick befinden. In Ihre Lektüre vertieft, kaum ansprechbar, bemerken Sie nicht, was links und rechts vor sich geht. Man kann sagen: Je größer der Kunstgenuss, je tiefer die Apathie, desto größer die Absonderung von den Bedürfnissen Ihrer Umwelt.

Doch, winseln Sie jetzt vielleicht, wie steht es denn um die Produktion der Werke? Das ist eine Tat, eine schöpferische Tat, und ist es nicht dieses Schöpferische, was die Welt verändert, und, da ich lese, habe ich nicht Teil an diesem Akt eines Demiurgen?

Nun, die Verfassung eines Textes ist tatsächlich eine Tat, aber keine, die etwas verändert. Es ist ja nun gerade nicht so, dass ein Schriftsteller die bestehenden Werke überarbeitet, im Sinne von: *Die Buddenbrooks* – jetzt ohne die langweiligen Passagen! Oder: *Anna Karenina* – endlich mit Happy End! Oder: *Ulysses* – korrigiert und für alle verständlich! Gottfried Keller hat Goethe nicht widerlegt, und obwohl Sophokles den dritten Schauspieler in das Drama einführte, behalten die Stücke von Aischylos, der mit zwei Mimen auskam, ihren Wert. Wer die *Verkündigung* von Tizian übermalt, den nennen wir einen Barbaren und stecken ihn ins Gefängnis, und es ist ganz egal, ob dieser Mensch Picasso oder Müller heißt.

So etwas wie Fortschritt ist der Kunst unbekannt, und man muss eingestehen, dass die Gesetze der Literatur in der Politik eine äußerst schädliche Wirkung entfalten. Nehmen wir den Satz: »So etwas wie eine Gesellschaft gibt es nicht. Ich kenne nur Individuen.« Zwei Menschen haben sich zu ihm bekannt, ein Schriftsteller namens Vladimir Nabokov und eine britische Politikerin mit Namen Margaret Thatcher. Für ihn bedeutete diese Absage, sich dem Kern der Persönlichkeit zu nähern, unabhängig vom System, in dem diese lebt, und ob man seine Poetik nun mag oder nicht, Nabokovs Figuren – Pnin, Humbert Humbert, Sebastian Knight – bleiben unvergessen. Er sah in ihre Herzen, zeichnete ihre Seelen und gab ihnen, in ihrer ganzen Verworfenheit, eine Würde. Und sie, die Politikerin? Ihr diente der Satz dazu, die gesellschaftliche Solidarität zu zerstören, die Gewerkschaften zu schwächen, das Individuum aus der gesellschaftlichen Einbettung zu lösen und es als loses Teilchen den Bewegungen des Marktes schutzlos auszusetzen.

Aber, werden die Letzten jetzt noch einwenden, es ist doch unbestritten, dass gewisse Werke unser Bewusstsein verändert haben. Doch, das wird bestritten, und zwar von mir. Flauberts *Madame Bovary* etwa hat das Bewusstsein für die menschenverachtende Trostlosigkeit der Provinz *geschaffen*, und es ist ein großer Unterschied, ob man ein Bewusstsein schafft oder es verändert.

Aber muss man nicht zuerst ein Bewusstsein haben, bevor man es verändern kann? Ja, das mag sein, aber die Betrachtung von Goyas Radierungen *Die Schrecken des Krieges* schafft im Betrachter erst in zweiter Linie ein Bewusstsein für die Gräuel eines bewaffneten Konfliktes. Zuallererst schaffen Kunstwerke ein Bewusstsein für die Möglichkeiten der Kunst. Kunst ruft zur Kunst auf, und wer einen Roman zu Ende gelesen hat, fragt sich nicht, wie er die Welt verändern kann, sondern welches Buch er als nächstes lesen soll.

Falls Sie jetzt noch immer nicht eingesehen haben, welche moralische Sauerei Ihre Lektüre darstellt, dann stellen Sie sich bitte folgende Situation vor. Eine gutgenährte, wohlhabende Person, Ihnen gar nicht unähnlich, verschlägt es in ein, sagen wir, afrikanisches Flüchtlingslager, wo gerade die Cholera ausgebrochen ist. Menschen schreien, sterben, doch statt zu helfen, sucht sich unser fiktives Ich eine einigermaßen ruhige Ecke und beginnt, sich an der Lektüre von Rilkes *Sonette an Orpheus* zu erfreuen. Sie müssen zugeben, dass dieses Verhalten moralisch zumindest fragwürdig ist, und Sie müssen auch zugeben, dass wir im Grunde alle in einer etwas ruhigen Ecke eines Flüchtlingslagers leben. Die Entfernung macht das Elend bloß perspektivisch kleiner, und nur Idioten glauben, das sich entfernende Auto werde tatsächlich zum Punkt.

Sie sehen, die Lektüre literarischer Essays ist in dieser Zeit moralisch nicht zu rechtfertigen, und deshalb gehe ich mit gutem Beispiel voran und höre hier nun auf.

Verwendete Literatur

Daniel Biebuyck, Lega culture: art, initiation, and moral philosophy among a Central African people, Berkeley 1973.

Jorge Luis Borges, Die Mauer und die Bücher, in: ders., Gesammelte Werke in zwölf Bänden. Band 3: Der Essays dritter Teil: Inquisitionen/Vorworte, München 2003.

Charles Godefroid Felix François Delhaise, Les Warega (congo belge), Bruxelles 1909.

Friedrich Dürrenmatt, Das Versprechen. Requiem auf den Kriminalroman, Zürich 1998.

Friedrich Dürrenmatt, Versuche/Kants Hoffnung. Essays und Reden, Zürich 1998.

T.S. Eliot, Essays, Frankfurt am Main 1967.

Michel Foucault, Von anderen Räumen, in: »Raumtheorie«, herausgegeben von Jörg Dünne und Stephan Günzel, Frankfurt am Main 2006.

Max Frisch, Die Schwierigen oder j'adore ce qui me brûle, München 2010.

Nicholas Georgescu-Roegen, Energy and Economic Myths, Southern Economic Journal, Vol. 41, Nr. 3, ohne Ort 1975.

Johann Wolfgang von Goethe, Werke, Band 6, Vermischte Schriften. Ausgewählt von Emil Staiger, Frankfurt am Main 1970.

Ernst Jünger, Strahlungen. I und II, Stuttgart 1979.

Ernst Jünger, In Stahlgewittern, Stuttgart 1981.

Heinrich von Kleist, Sämtliche Werke und Briefe, herausgegeben von Helmut Sembdner, München 2001.

Gotthold Ephraim Lessing, Miss Sara Sampson. Ein Trauerspiel in fünf Aufzügen. Anmerkungen von Veronica Richel, Stuttgart 2006.

David Livingston, Last Journals, edit. by Horace Waller, John Murray, London 1874.

Malcolm X, Die Autobiographie, herausgegeben und mit einem Nachwort von Alex Haley, München 1993.

Blaise Pascal, Kleine Schriften zur Religion und Philosophie, herausgegeben von Albert Raffelt, übersetzt von Ulrich Kunzmann, Hamburg 2006.

Platon, Der Staat, übersetzt und erläutert von Otto Apelt, Hamburg 1989.

Gerhard Schwarz, Chaos, Ordnung und Machbarkeitswahn, Neue Zürcher Zeitung v. 30.10.2010.

William Shakespeare, King Richard III/König Richard III., übersetzt und herausgegeben von Herbert Geisen, Stuttgart 2010.

Mary W. Shelley, Percy B. Shelley, Flucht aus England, Reiseerinnerungen und Briefe 1814-1816, herausgegeben und übersetzt von Alexander Pechmann, Hamburg 2002.

Sophokles, Tragödien, übersetzt von Wolfgang Schadewaldt, Düsseldorf/Zürich 2002.

Anton Tschechow, Dramen. Aus dem Russischen übertragen von Gudrun Düwel, ohne Ort und Jahr.

François Villon, Sämtliche Dichtungen, aus dem Französischen von Walther Küchler, Frankfurt am Main 1987.

Ambroise Vollard, Renoir, Berlin 1920.

Robert Walser, Aus dem Bleistiftgebiet, Band 3, neu entziffert und herausgegeben von Bernhard Echte und Werner Morlang, Frankfurt am Main 1986.

Michael Wilde, Heike Ising-Alms, Esther Tisa-Francini, Eberhard Illner (Hg.), Eduard von der Heydt. Kunstsammler, Bankier, Mäzen, München 2013.

Nachweise

Sämtliche Essays wurden für dieses Buch überarbeitet.

I

Kolonien, erstveröff. in: Programmheft »Extra Europa. Linz 2009. Kulturhauptstadt Europas«.

Der Feuerofen, erstveröff. in: Andreas Pfister (Hg.), Das Gymnasium im Land der Berufslehre, Zug 2011.

Ich mag den Reformator Huldrych Zwingli nicht. Warum, erstveröff. unter dem Titel »Deshalb muss ich Huldrych Zwingli noch nicht mögen« in: Du: die Zeitschrift der Kultur, H. 738, Doppelheft Nr. 7, Zürich 2003.

Masken, erstveröff. in: Damian Christinger, Museum Rietberg, Edition Patrick Frey (Hg.), Das Fremde ist nur in der Fremde fremd, Zürich 2014.

Offenbarung, erstveröff. in: Philipp Schulte, Marion Tiedtke (Hg.), Die Kunst der Bühne. Positionen des zeitgenössischen Theaters, Berlin 2011.

II

Die zwölfte Replik. Anton Tschechows *Drei Schwestern*, erstveröff. in: Elio Pellin, Ulrich Weber (Hg.),Wir stehen da, gefesselte Betrachter, Theater und Gesellschaft, Sommerakademie Centre Dürrenmatt Neuchâtel, hg. vom Schweizerischen Literaturarchiv, Band 2, Neuchâtel 2010.

Der Augenblick der Sprache. Robert Walsers *Räuber*-Roman, erstveröff. in: »Neue Zürcher Zeitung« v. 27.5.2006.

Blatt 488. Zu einem Mikrogramm Robert Walsers, erstveröff. in: Ohne Achtsamkeit beachte ich alles: Robert Walser und die bildende Kunst, Katalog zur Ausstellung, Aargauer Kunsthaus, Aarau, Sulgen 2014.

Macht und Erinnerung. William Shakespeares »*Richard III*«, erstveröff. in: Schauspielhaus Zürich Zeitung # 5, 2012.

Das Mühlrad. Georg Büchners *Woyzeck*, erstveröff. auf Norwegisch in: Bakteppet, Det Norske Teatret (Theatermagazin), Oslo 2014).

Brechts Pathos, erstveröff. in: »Die Welt« v. 10.8.2006.

91/2 Wochen in der Provinz, Gotthold Ephraim Lessings *Miss Sara Sampson*, erstveröff. in: Lessing. Zeitung des Theaters Basel, Dezember 2002.

Die Gleichgültigkeit der Natur. Friedrich Dürrenmatts *Das Versprechen*, erstveröff. in: Schauspielhaus Zürich Zeitung # 4, 2012.

Metamorphosen. Max Frischs früher Roman *Die Schwierigen*, erstveröff. als Nachwort von: Max Frisch, Die Schwierigen oder J'adore ce qui me brùle, herausgegeben von Peter von Matt, München 2010.

Der Ort der Dichtung. Zu Heinrich von Kleist, erstveröff. in: »Der Tagesspiegel« v. 29.9.2011. Unter dem Titel »Was wir sind sind wir durch unser Gegenüber« (Zum 200. Todestag) in: »Tages-Anzeiger« v. 28.5.2011.

III

Habeas Corpus, erstveröff. in: »Die Welt« v. 31.5.2014.

Das Volk und ich, erstveröff. unter dem Titel »Der Ruf der Urne« in: LeGes, Mitteilungsblatt der Schweizerischen Gesellschaft für Gesetzgebung (SGG) und der Schweizerischen Evaluationsgesellschaft (SEVAL), 2011/3.

Ode an die Lehrer. Rede zur Diplomfeier der Pädagogischen Hochschule Luzern, Sommer 2014. Erstveröffentlichung.

Ode an die Schüler. Rede für die Maturanden an der Kantonsschule Enge Zürich, Sommer 2014. Erstveröffentlichung.

Keine Alternative?, erstveröff. unter dem Titel »Nichts ist ohne Alternative - auch nicht der Kapitalismus« in: »Tages-Anzeiger« v. 18.11.2010.

Nach uns die Amöben?, erstveröff. in: Rohstoff. Das gefährlichste Geschäft der Schweiz, hrsg. v. Erklärung von Bern, Zürich 2012

IV

Zeit und Raum, Antrittsvorlesung zur Heiner-Müller-Gastprofessur 2013, April 2013. Erstveröffentlichung.

Freiheit und Wahrhaftigkeit, Vortrag bei der Tagung am Gottlieb Duttweiler Institute (GDI) 2012, Erstveröffentlichung.

Stil und Moral, Vortrag im Stuttgarter Literaturhaus, 2.3.2009, erstveröff. in: Florian Höllerer, Tim Schleider (Hg.), Zur Zeit, Göttingen 2010.

Inhalt

I

II

Lukas Bärfuss
Krieg und Moral
Essays

288 S., geb., Schutzumschlag
ISBN 978-3-8353-3241-6

*Lukas Bärfuss ist ein Autor, den wir heute lesen und
der auch in der Zukunft gelesen werden wird, weil seine
Romane begreiflich machen, was unsere Zeit und unser
Leben ausmacht.*

Jurybegründung zum Preis der LiteraTour Nord 2018

 www.wallstein-verlag.de

ANTHONY DOERR

Winklers Traum vom Wasser. Roman

Der Muschelsammler. Erzählungen

Alles Licht, das wir nicht sehen. Roman

Memory Wall. Novelle

Ausgezeichnet mit dem Pulitzer-Preis

»Doerr hat neue Maßstäbe dafür gesetzt, was man
mit einer Geschichte erreichen kann.«
Dave Eggers

»Dieses obsessive Erzählen erzeugt einen Zauber,
dem man sich schwer entziehen kann.«
Der Spiegel

btb